知
INSIGHTS
新

墨西哥
国家人类学
博物馆

National Museum
of Anthropology *México*

梅辰

著

GUANGXI NORMAL UNIVERSITY PRESS
广西师范大学出版社
· 桂林 ·

墨西哥国家人类学博物馆
MOXIGE GUOJIA RENLEIXUE BOWUGUAN

图书在版编目（CIP）数据

墨西哥国家人类学博物馆 / 梅辰著. --桂林 ：广
西师范大学出版社，2023.4
　　（走遍世界博物馆）
　　ISBN 978-7-5598-5840-5

　　Ⅰ. ①墨… Ⅱ. ①梅… Ⅲ. ①博物馆－历史文物－
介绍－墨西哥 Ⅳ. ①K88731

中国国家版本馆 CIP 数据核字（2023）第 034457 号

广西师范大学出版社出版发行
（广西桂林市五里店路 9 号　邮政编码：541004 ）
网址：http://www.bbtpress.com
出版人：黄轩庄
全国新华书店经销
广西广大印务有限责任公司印刷
（桂林市临桂区秧塘工业园西城大道北侧广西师范大学出版社
集团有限公司创意产业园内　邮政编码：541199）
开本：787 mm × 1 092 mm　1/16
印张：14.75　　字数：250 千
2023 年 4 月第 1 版　　2023 年 4 月第 1 次印刷
印数：00 001~10 000 册　　定价：128.00 元

如发现印装质量问题，影响阅读，请与出版社发行部门联系调换。

前 言

世界上究竟有多少家博物馆？这谁也说不清楚，即便是权威机构也没有标准答案。

但是，如果你问：世界上最著名的博物馆有哪些？倒是很多人会脱口而出："法国卢浮宫博物馆、英国大英博物馆、俄罗斯冬宫博物馆以及美国大都会博物馆……"卢浮宫、大英馆、冬宫以及大都会馆被公认为是世界上最著名的四大博物馆。

然而，四大博物馆在藏品的特色上却少了些自我特色，它们更像是一个汇聚了世界各地古老文明遗物的巨大宝库。如果你想在一个特定的环境、较短的时间内一览世界各地古老文明的珍奇宝藏，那么，四大博物馆应该是比较理想的去处。

而有些博物馆，例如埃及国家博物馆、印度国家博物馆、伊拉克国家博物馆等这样一类的博物馆，它们因馆藏品具有鲜明的国家、民族、地域以及文化特色而成为世界博物馆中独树一帜的重量级博物馆，并因此而跻身世界名馆之列。

《走遍世界博物馆》系列丛书《墨西哥国家人类学博物馆》中的墨西哥国家人类学博物馆，就是这样一座汇集了古印第安文明文物之菁华的独具特色的博物馆。它是世界最具影响力和重量级的博物馆之一。该馆收藏有众多有关人类学、墨西哥文化发展史以及古代墨西哥民风民俗等的珍贵文物遗存。其中，那块代表了墨西哥阿兹特克（Aztec）文明伟大智慧、预告了"世界末日"的太阳历石就收藏于该馆中。

本书以作者在墨西哥国家人类学博物馆的泡馆经历为视点，对馆中的重要藏品、珍贵文物进行了详细的导览与解读，其中不仅包括了文物背后的历史故事、收藏经历等，还将作者在当地采风时所看到、听到的风土人情、人文风貌等一并结合到了对文物的解析中，为读者深度了解这样一个诞生在中美洲热带雨林中的古老文明，提供了一个认知新窗口，它仿佛是一架时光机，引领着读者穿越到了那遥远的美洲大陆的莽莽雨林中……

悦读《走遍世界博物馆》系列丛书，和梅辰（辰馆）一起走遍世界博物馆。

墨西哥国家人类学博物馆简史

墨西哥国家人类学博物馆的由来，首先要从阿兹特克文明的两件宝物说起。

神鹰衔蛇站立于
仙人掌上

博物馆正门上的
"神鹰衔蛇"纹章

阿兹特克文明是美洲三大文明[*]之一，由阿兹特克人创造。阿兹特克人原本是生活在墨西哥一带的游牧民族，居无定所。相传阿兹特克人得到神谕：**"在神鹰衔蛇并有仙人掌的地方即是安居之地。"** 经过几个世纪的寻找，阿兹特克人终于在一座湖中央的岛屿上看到了"一只叼着蛇的神鹰停歇在仙人掌上"。于是，他们在此安居下来，繁衍子孙。之后，这座岛屿逐渐发展成为墨西哥城，也即现在的墨西哥首都墨西哥城。而那个美丽的传说"站在仙人掌上的衔蛇神鹰"则被设计成为墨西哥国旗与国徽图案的组成部分。

在阿兹特克文明中，宗教信仰、神灵崇拜是重要内容之一。其主神有太阳神托纳提乌（Tonatiuh）、羽蛇神奎兹尔科亚特（Quetzalcoatl）、大地女神科亚特丽库（Coatlicue）等，他们分别掌管着宇宙运行、农耕与生育等领域。阿兹特克人将他们的巨型雕像供奉在神殿和金字塔中。

*美洲三大文明：阿兹特克文明、玛雅（Maya）文明、印加（Inca）文明。

光阴荏苒，岁月如梭，时间到了1790年8月13日。

这一天，科亚特丽库女神的巨石雕像被意外发现。作为阿兹特克文明的重要遗物，它被当局立即送往了位于总督府南面的皇家大学进行保管与研究。由此，墨西哥对自身文化遗产的保护工作正式开启，其最早的"文博"机构——"大学博物馆"也因此诞生。

几个月后，1790年12月，阿兹特克文明的又一重要遗物太阳历石被意外发现于中央广场地下。太阳历石是阿兹特克人基于对宇宙天体运行规律的认识而创造出来的一种纪年历法，是阿兹特克文明最重要的文化遗产之一。它没有像科亚特丽库女神雕像一样被送往大学博物馆，而是被安置在了墨西哥城大教堂西南侧的塔下。

随着时间的推移，越来越多的陶器、雕塑等历史遗物在墨西哥河谷与墨西哥城中被发现，它们都被陆续送到了大学博物馆中。

1825年，墨西哥第一任总统瓜达卢佩·维多利亚（Guadalupe Victoria）签署了创建国家博物馆的法令，并指定国立大学的一座建筑作为馆舍。同年8月18日博物馆对外开放。而当时的这座国家博物馆则更像是一个自然历史博物馆而非考古博物馆，其收藏有马车、旗帜、文件等历史遗物以及自然科学的有关物品。

之后，越来越多的墨西哥历史遗物与遗迹被发现，原有的国家博物馆已无力再接纳更多的新文物。于是，1865年，墨西哥当时的统治者马克西米利安（Maximiliano）指令将国家宫殿建筑群中的旧铸币厂作为新的国家博物馆馆舍。随后大量文物被迁移至此。

20世纪初，原铸币厂馆舍已无法满足日益增长的收藏与展示的需要，建造一个更大、更完善的博物馆成为一种共识。1962年8月，新的国家博物馆选址在了墨西哥城西部风景优美的查普特佩克（Chapultepec）公园内。查普特佩克公园占地面积约686公顷，是墨西哥城最大的城市公园，也是拉丁美洲最大的城市公园之一。

1964年9月17日，墨西哥国家人类学博物馆在查普特佩克公园落成并沿用至今。科亚特丽库女神雕像与太阳历石作为墨西哥最重要的历史文化遗物当之无愧地成为该馆的镇馆之宝。

科亚特丽库女神雕像

太阳历石

查普特佩克公园大门

墨西哥国家人类学博物馆正门

墨西哥国家人类学博物馆简介

博物馆外景

坐落在查普特佩克公园内的墨西哥国家人类学博物馆（下称"墨馆"）由"园林＋建筑物"组成，总占地面积约125000平方米。其中建筑物面积约45000平方米，由一座长方形的回字形二层建筑构成，内设有展厅22个，主要行使展陈功能；露天空间由中庭加园林组成。园林中古树参天、草木繁茂，一派热带雨林的景象，依照实物大小复制的玛雅神殿、石雕以及壁刻等文物散布于园林中，漫步其中就像是游走在了丛林掩映的古玛雅时代。

掩映在树林中的玛雅神殿（复制）

玛雅神殿（复制）

中庭"水柱"

　　穿过墨馆正门的大厅，视野便一下子开阔起来——一个小广场般大的中庭赫然展现在眼前。

　　中庭中最醒目的是一座巨大的"水柱"。"水柱"由一个巨型圆柱加一块巨大的方形平顶所组成。水从圆柱的顶端倾泻而下，场面十分壮观。

　　在这里，"水柱"除了用作观赏外，更重要的是它所蕴含的文化与精神内涵。水，是美洲古印第安文明的原动力，古代墨西哥人渴望雨水胜过一切。故此，设计师们在博物馆的中庭内建造了这样一座巨大的"水柱"，以便观众在进入博物馆后能够第一眼就看到它并感受它的壮观，目的就是强调水的重要意义。

"水柱"

　　除此之外，"水柱"上的巨大平顶还起到了防雨的作用。雨季时，观众由入口进来，不必淋雨便可在大平顶的遮蔽下进入到各展厅中参观。同时，"水柱"还起到了降温与增加湿度的作用。

　　大"水柱"的前面是一片长满了水草的水池。水池的前方有一条直通墨西卡（Mexica）展厅的石板路，墨馆的镇馆之宝——阿兹特克太阳历石＊就陈列在这间展厅中。

　　"水柱"—水池—墨西卡展厅，这样的中轴设计暗示了水是阿兹特克人（即墨西哥人的先人）生命的源泉，是浸润阿兹特克文明的原动力。

　　＊阿兹特克太阳历石在 2012 年 12 月 21 日之前把全世界人吓了个半死，误以为玛雅人说的世界末日将在那一天到来。详见本书《镇馆之宝：太阳历石》。

墨西卡展厅入口

墨馆的展厅共设有22间，分布在一楼和二楼两个楼层。

一楼展厅主要展出墨西哥地区的古代文化遗存（按参观顺序依次为）：

第一间展厅：人类学与早期人类（世界范围，非仅墨西哥地区）

第二间展厅：移民美洲（公元前30000—前2500年）

第三间展厅：中部高原（公元前2500年—公元100年）

第四间展厅：特奥蒂瓦坎（Teotihuacan，公元100—700年）

第五间展厅：托尔特克（Toltecs，公元700—1200年）

第六间展厅：墨西卡（公元1200—1521年）

第七间展厅：瓦哈卡（Oaxaca）

第八间展厅：墨西哥湾沿岸

第九间展厅：玛雅

第十间展厅：墨西哥西部

第十一间展厅：墨西哥北部

二楼展厅（局部）

二楼展厅主要展示墨西哥地区不同部落(民族)在宗教信仰、文化艺术、房屋建筑、生活用具以及生活方式上的遗物遗存（按参观顺序依次为）：

第十二间展厅：墨西哥土著

第十三间展厅：格兰纳亚尔（Gran Nayar）

第十四间展厅：普里切罗（Puréecherio）

第十五间展厅：奥托帕米（Otopame）

第十六间展厅：普埃布拉（Puebla）山脉

第十七间展厅：瓦哈卡南部

第十八间展厅：墨西哥湾沿岸

第十九间展厅：玛雅低地与丛林

第二十间展厅：玛雅高地

第二十一间展厅：西北部山脉、沙漠与山谷

第二十二间展厅：纳华斯（Nahuas）

除展厅外，墨馆内还设有一个纪念品商店和一个具有相当规模的自助餐厅。

人们走累了、渴了、饿了，可以到自助餐厅里喝上一杯咖啡或其他饮料，再挑几样自己喜爱的美食享用一番，在补充能量的同时也顺便小憩一下。并且，这里的自助餐品类繁多，而价格却很亲民，让游客切身感受到了馆方服务工作的贴心与周到。在此特别向大家推荐墨馆的自助餐厅（除室内餐厅外，室外还有一个大花园供观众就餐）。

好啦！墨馆的简介就先说到这儿。接下来，我们将一起走进墨西哥国家人类学博物馆，去认识并感受伟大且充满智慧的古代墨西哥文明。

纪念品商店

自助餐厅

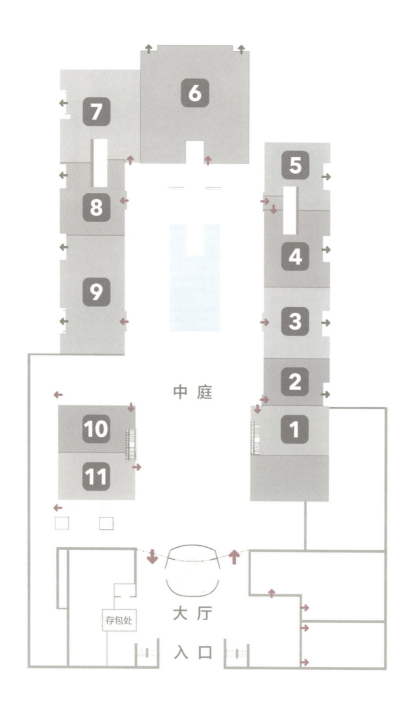

中 庭

存包处

大 厅

入 口

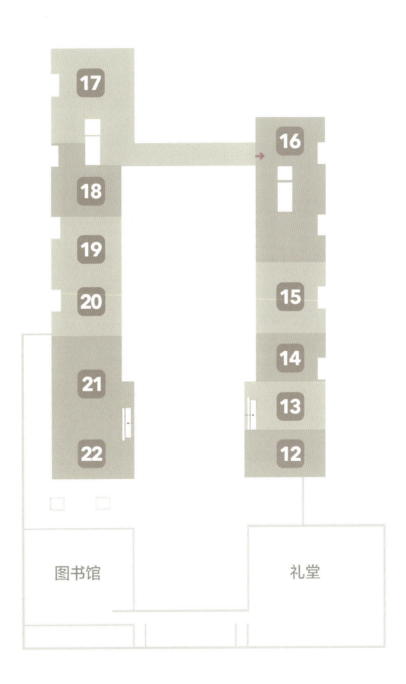

目 录
CONTENTS

墨西哥国家

人类学博物馆

MOXIGE

GUOJIA

RENLEIXUE

BOWUGUAN

一、人类起源与早期人类

人类的来龙去脉

什么是人类学?

人对自身起源和本质有哪些认识与看法?

人类学博物馆收藏了哪些人类活动的遗迹与遗物?

……

人类学与早期人类展厅以考古学成果为基础将上述这些极具专业性且又枯燥艰涩的人类学问题,以生动有趣的"情景教学"展览形式为观众呈现出了一条十分清晰的人类起源脉络线:在漫长岁月中,猿怎样变成了"人","人"又怎样一步步履蹒跚地进化成了"现代人"。其妙趣横生的展览形式,让观众对这一陌生学科有了一个直观的感性认识。它不仅让一众成年观众看得饶有兴趣、受益匪浅,就连小孩子也同样看得津津有味、兴趣盎然。毫不夸张地说,在墨馆每天络绎不绝的参观者中,少

年儿童占比约二到三成,足见该馆在"学术问题通俗化""专业知识趣味化"方面是颇费了些心思和功夫的。

原始人类

　　人类学与早期人类展厅中的陈列，以人类最早的直系祖先——南方古猿为时间线的起点，展现了从南方古猿到尼安德特人再到智人的人类进化过程，讲述了源自非洲的南方古猿如何在沧海桑田、斗转星移的漫长岁月中跨越山海来到了美洲大陆这片土地。在这间展厅中，我们还看到了人类的很多个"第一"：人类（女人）第一次生产时的场景；以双足直立行走的第一"人"——埃塞俄比亚的"露西"（Lucy）；等等。

　　人类学与早期人类展厅通过众多考古文物向观众科普了什么是"人类学"以及早期人类的生活状态，展现了古猿在历经数百万年的适应与变化中，其身体、社会以及文化等方面的特征得以发展，而这些特征定义了"现代人类"——通俗地说就是：古猿在数百万年的生存过程中，为了适应环境和生存的需要，其身体发生了适应性变化，如直立

人类第一次生产时的情景（模拟）

行走、群居生活（社会）、语言交流（文化）等。而这些变化又因为"用进废退"的进化法则，使能够适应生存的"功能"与"特性"一次又一次地被保留了下来，反之则被逐渐淘汰。于是，这些在漫长进化过程中被保留下来的功能（特征）最终形成了人类学意义上的"现代人"。而人类学就是研究"原始的他"与"现代的我"之间有何联系、怎样联系的一门学问。人类学与早期人类展厅向我们展示了这个进化过程中的一部分历程。

小知识

人类学：从生物和文化的角度对人类进行全面研究的学科。包括体质、心理、文化、社会、语言、民族、民俗等方面。

人类最早的直系祖先——大美女露西

这位是谁？

她，是世界上最最有名的女人——露西；

她，曾经生活在非洲的埃塞俄比亚；

她，比我们年长约320万岁；

她，是已知的世界上最早的人类的直系祖先之一。

她的骨骼化石是埃塞俄比亚的国宝，同时也是埃塞俄比亚国家博物馆的镇馆之宝。

她的复原像就陈列在墨西哥国家人类学博物馆第一间展厅的首件展品位置。

人类的老祖母露西

❀ 人类的老祖母——露西

1974年11月，美国人类学家唐纳德·约翰逊（Donald Johanson）与考察队在埃塞俄比亚的哈达尔（Hadar）地区发现了一具南方古猿的遗骸，并幸运地收集到了占其全身骨骼近40%的骨骼化石。研究人员将这些骨骼进行复原后，结果表明：这是一个身高约1.2米的雌性古猿，体重约30公斤。最重要的是，研究人员发现其股骨与胫骨所构成的骨骼角度（膝关节）与双足直立生物的膝关节骨骼角度一致，说明此古猿当时已经能够以双足直立行走。结合考古地层学的研究，确认了其生活的年代约为距今320万年前。

也就是说：距今约320万年前，"人类站起来了"！而物证就是这个身高1.2米、体重30公斤的雌性古猿。她的骨骼化石是人类进化史上的重要标志，而"直立行走"则是人类进化史上的重要里程碑！

唐纳德·约翰逊将这位已知的、最早站起来的古猿命名为"露西"，原因是他当时一直在听甲壳虫乐队的《露西在缀满钻石的天空》(Lucy in the Sky with Diamonds)这首曲子。

小知识

考古地层学：考古学中关于古遗址文化层形成规律及发掘方法的理论。人类居住或固定活动的地点，通常会在天然"生土"上堆积起"熟土"层，称作"文化层"，其中夹杂有人类留下来的器物、有机物和活动痕迹。通过这些包含物，可在一定程度上了解当时人类生产、生活等方面的情况。随居住和活动时间的延续，层次越积越多，如未经扰乱，年代晚的层位总是叠压在年代早的层位之上，从而构成一部记录遗址发展状况的无字编年历史（多数情况下，地层之间有明显的界线：一个地层的堆积物与下一个地层的堆积物，可以由结构、颜色或矿物学上的清楚间隔和变化区分开来）。考古发掘遵循这一规律，按地层构造自晚而早作有序揭露，且不使各层出土物混杂。对发掘材料进行研究，便可重建遗址历史。在地质学中，地层学是研究地层岩石形成顺序及其相互关系的分支学科。19世纪该方法被应用于考古发掘，系由地质学中借用。

❀ 人类站起来有多难？

　　一个人从蹒跚学步到奔跑如飞，大约也就是几年的光景。而**"人类"从四足着地到双足行走却用了几百万年的时间！**

　　说来话长……

　　人类最早的祖先生活在非洲，这是目前科学已经证明了的事实。

　　大约6000万年前，地球上开始出现哺乳动物并大量繁衍。之后，哺乳动物中的某些灵长类在非洲的原始森林里兴旺繁盛，逐渐进化成古猿。

　　约1200万年前，由于地壳运动，地球表面发生了巨大的变化，从非洲北部（红海北端）到非洲南部（莫桑比克）出现了一条大裂谷，由于大裂谷位处非洲东部而被称为"东非大裂谷"。同时，沿东非大裂谷隆起了一条长达5500公里的山脉，这条山脉拦截了印度洋的潮湿空气，使得原本受到湿润空气滋润的东非出现了巨大的环境变化——降雨量急剧减少，导致森林消失，树叶锐减，果实匮乏，原本生活在这里的古猿因此面临着巨大的生存压力。

　　当树上的树叶和果实越吃越少、越来越不足以果腹的时候，这迫使原本生活在

人类进化模拟场景 I

树上的古猿不得不改变以往的生活（存）方式——从树上下来，去广袤的草原寻找一种新的生存方式。

古猿们在茫茫无际的草原上找寻："哪里是新的生存之地？"

在草比人高的草原上，以四足着地的古猿们不得不一次次地尝试着"站起来"看看远方，看看哪里有森林，哪里有果树。

在一次次的"站立"中，古猿们完成了从四足行走向双足行走的演变——**约400万年前，以双足行走的古猿诞生了**（现已推进至600万年前）。由于最早发现此物种的骨骼化石是在非洲的南部，因此考古学家将其命名为"南方古猿"（露西属于南方古猿种）。

"双足站立和行走"对于人类进化的意义是划时代的：

1. 站立使视野高远、宽阔，可以看见更远的环境条件与自然状况，从而有可能迁徙到更好的生存环境中；

2. 视野高远，能够发现远处的猎食目标或逼近的危险，提高了生存能力；

3. 解放出来的前肢可以手握棍棒（或投掷石块），提高了防御猛兽袭击的能力，从而保护了自身的安全，提高了生命力；

4. 解放出来的前肢可以进行简单的劳

5

动：制造工具，采集食物，猎取动物，并将食物、猎物携带回家，提高了生产力；

5. 手、足分工促进了大脑发育，由此进入进化的良性循环状态：大脑越发达，手足能力越强；手足能力越强越促进大脑发育，进而产生了语言、文字……

南方古猿由于以双足直立行走而逐渐从猿类分离出来，进化为原始人类，成为人类真正意义上的直系祖先。

接着说"露西"。

双足直立行走是人类区别于其他灵长类的关键特征与本质所在。露西因其较为完整的骨骼化石而被确认是以"双足直立行走"，并因此成为从猿到人质变过程中的物证，在世界古人类史上具有重大的里程碑意义，她因而被称作**"人类的祖母"**。

露西大约活了22岁。考古学家根据她的断腿骨骼推断，她死于非命——从树上掉下来坠亡。这或许是因为直立行走后，南方古猿爬树的技能减退，导致其失足坠落。也可能是因为露西年事已高，腿脚不利索而导致意外发生，因为对于古猿来说，22岁已是相当高龄了。

特别要说明的是，据最新考古学成果显示：人类的祖母已经被"人类的祖父"所取代，他们是比露西还要早200万年的双足行走者——生活在非洲的奥利恩人。不过，对于我们非考古专业的人来说，谁是人类的祖父或祖母也许并不很重要，重要的是我们应该知道：

"人"怎样成为了人。

人成为"人"经历了多么艰难的历程

"

墨馆以大量的模拟场景展现了人类从南方古猿——能人——直立人——智人的进化过程。现在我们来看关于能人的展示部分。

✿ "能人"诞生

在漫长的岁月里，南方古猿一直都是"靠天吃饭"——自然界的动物躯体和植物果实是他们主要的食物来源。

尽管这些食物"得来全不费工夫"（无须饲养或种植），但他们却常常因为想要分割它们而煞费体力。今天的人无法想象在没有切割工具的远古时代，要想从动物身上割下一块肉来是多么的费劲！尤其是饿得快要晕过去的时候，眼看着到嘴的肉却弄不下来，心情是有多焦急、多焦躁！

这一天，一个名叫"爱动脑"（辰馆起名）的南方古猿因为一件小事而不开心，他随手抄起一块巴掌大的石头狠狠地砸向了身边的一块巨石。巴掌大的石头顿时碎

小知识

能人：一种体质特征介于南猿原始类型与直立人之间的人科成员，迄今所知最早的古人类，生存在距今 200 万年前后，主要分布在非洲。1960 和 1963 年在坦桑尼亚奥杜威峡谷第 1 和第 2 层发现。1964 年定名为"人属能人种"，意为"能干、手巧"。

成了几块。"爱动脑"捡起其中的一块准备再次发泄一下，不料石块锋利的边缘竟将他的手掌划破了……

"爱动脑"看着被石块划破的手掌，他似乎悟到了什么。他捡起那块锋利的碎石，走到一具动物腐尸前……天哪！我的个天哪！腐尸竟然被石块划破了！

距今约200万年前，南方古猿中的一支进化成为"能人"。

能人，即能制造工具的人。

能人利用双手互相敲打石块，制作出各种形状与功能不同的石器，人类自此进入旧石器时代。在博物馆的模拟场景中，可以看到能人利用锋利的石器切下了一整条羊腿。

✿ **石器**

约200余万年前，能人在非洲制作了人类历史上的第一批工具——石器*。能人利用这些石器切割动物躯体、砍砸动物骨骼，获取营养丰富的蛋白质与骨髓。得益于这些石器工具的使用，人类变得越来越

＊收藏于英国大英博物馆中的"奥杜威砍砸器"，是目前已知的人类有意识制作的最早的石器之一，发现于坦桑尼亚的奥杜威峡谷，距今约180万—200万年。

人类进化模拟场景Ⅱ

强壮，越来越聪明，越来越自信，越来越进步与进化。

✿ 筑巢

这天，能人"有想法"（辰馆起名）抱着一堆捡拾来的树枝和杂草边走边想：我可以用这些树枝和杂草在地上搭建"一棵树"吗？这样我们就可以像从前一样在树上躲避风雨和猛兽的袭击了⋯⋯

说干就干！能人们用收集来的树枝、石块与杂草搭建了一棵他们心中的大"树"——一个可以遮风避雨的"树巢"，制造了世界上最早的"房屋"。

生活在200多万年前的能人能够搭建出这样一座有"屋顶"、有"墙壁"的房子真是了不起呢！

再进一步，能人们又"搭"出了以石块为墙壁、以树枝和杂草为屋顶的升级版"豪宅"。在模拟场景中，一位"能二代"正在这样一座"风吹不着、雨淋不着"的"豪宅"中酣睡着。

人类第一次烧烤的场面竟是如此生猛

大约600万年前，人类最早的直系祖先——以双足行走的南方古猿诞生在非洲的原始森林中。

之后，又经过了几百万年，大约在距今200万年前，南方古猿中的一支进化成为"能人"。

又过了约100万年的时间，直立人取代了能人。

直立人时代，人类学会了用火。

本篇我们将一起走进"直立人"的世界。

✿ 直立人诞生

气候的变化导致能人为了生存而需要不断地寻找新的生活之地。在长期的迁徙过程中，能人使用上肢（双手）以搬、提、握、持等形式参与到各种劳动中，同时他们还以上肢（双手）制作并使用工具。

劳动促使能人的上、下肢分工越来越明显，同时下肢也逐步担负起行走的功能。由此，能人的身体发生了变化——上身挺直，

> **小知识**
>
> **直立人**：人科的一种。出现在人类进化史上的第二个阶段，距今约150万到30万年。

做到了真正意义上的直立行走——"直立人"诞生了！（之前的南方古猿和能人，准确地说应该是"双足行走"，因为其身体的上半部分并非标准意义上的"直立"，而

是呈向前弯曲状。）

直立人不再像南方古猿以及能人那样被动地接受已死亡的动物尸体作为食物，他们可以为了食物而主动出击（捕猎），从而获得新鲜的动物肉体。新鲜动物肉体中所含的蛋白质、脂肪以及骨髓等物质大大丰富了直立人的营养成分，这促使他们的大脑与心智得到了进一步的完善与提高。

❀ 50万年前人类学会了用火

一天，一个偶然的机会，一阵雷电风雨过后，直立人发现森林中有些树木发生了变化——它们的身上有一种发热、发光的东西。如果靠近它，自己的身体或手就会感到疼痛。同时，他们还发现一些已经死亡了的动物身上也有这种东西在发热，并散发出一股别样的"香"味。

他们把散发着"香味"的动物尸体拖回住地，怀着一种好奇与试探的心理，他们手撕了这些"香肉"。哇，味道好极了！他们发现这些"香肉"无论是味道还是口感都远远好于之前的"生肉"。"为何不把狩猎回来的动物也做成这种味道诱人的香肉？"直立人脑中灵光一闪。

于是，他们把燃烧的树枝拖回了住地，

人类进化模拟场景 III

把猎物放到"火"中烧烤。就这样，人类第一次主动制作熟食的行为就在某年、某月、某个风雨雷电之后被启蒙了……

在距今约50万年前人类学会了使用火。

直立人学会了使用火，标志着人类在进化的道路上完成了一次质的飞跃：

1. 制作熟食：熟食易于消化，使人类

获得了更多的营养物质，进而使脑容量变大，加快了大脑的进化。同时，食用熟食能够增强身体的抵抗能力，提高了人类的寿命。

2.取暖：自从有了火，人类不再惧怕寒冷的冬季，从而提高了生存能力。与此同时也拓展了人类的生活区域，使人类有可能迁徙到寒冷的地区。

3.攻击与防御：利用动物怕火的特性，驱赶大型猛兽并捕猎它们。

4.照明：直立人发现森林中那些燃烧的树木周围即使到了黑夜也如同白昼般明亮，于是"火把"被发明。至此，人类结束了"天黑请闭眼"的漫漫长夜。

5.制作金属工具（此为后话）。

直立人学会了使用火，标志着人类有了认识并掌握某种自然力且利用这种自然力改变生存环境的能力。这种能力将人与动物（猿）彻底区别开来，并在进化的路上一路高歌，从此再无回头。

随着直立人本事越来越大，能力越来越强，非洲这个"小山村"已经无法阻挡直立人"世界这么大，我要去看看"的好奇心和勇气了（主要还是迫于生存压力）。他们向西，走到欧洲；向北，走到亚洲；迈出了人类跨洲长距离迁徙的第一步。

人类为什么是高级生物？ *

直立人迫于生存的压力，其中一部分人离开非洲来到了欧洲和亚洲。

之后，由于海平面上升，欧洲直立人与亚、非直立人被阻隔在了不同的大陆。随后他们各表一枝：欧洲直立人进化为"尼安德特人"，亚、非直立人进化为"智人"。

本篇我们说说"尼安德特人与智人"。

❀ 尼安德特人

尼安德特人大约出现在距今约40万年前，他们能够制作简单的工具以及能以简单的语言进行交流。

尼安德特人与能人能够利用大自然中的棍棒、石块等制作简单工具的能力不同，他们能够将动物的骨骼制作成骨针，并将兽皮用骨针缝制在一起做成遮身蔽体的兽皮衣，

使自身有了主动御寒保暖的能力。另外，尼安德特人还能够制作精巧的石器以及打猎的工具。

重要的是，尼安德特人在生活、劳动以及打猎的过程中逐渐产生了语言。例如在围猎野兽时，尼安德特人之间需要相互配合或者告知队友防范危险，于是简单的"语言"

---

*特别说明：关于人类起源，目前学界在一些重要的进化时间点上并没有形成统一认识。本文观点主要参考了墨馆出版物以及馆外的部分相关资料。

人类进化模拟场景 IV

由此产生。而他们最初的"语言"也只是像猫叫鸟鸣一样以声音的长短、强弱来示意对方。久而久之，这些代表某种意思的发音被固定下来，人类最初的语言因此形成。

❀ 尼安德特人创立了丧葬礼仪

尼安德特人的小伙伴儿死了。尼安德特人没有像前人那样弃之于露天不管，而是挖一个坑穴把小伙伴埋葬其中，并在坑内及其周围放上贝壳与鲜花，这便是人类最早的墓穴。

墓穴的产生标志着人类文明又向前进了一阶。它表明此时人类已经对身边的人有了亲近之情、有了"阴阳相隔"的朦胧意识。而这些情感与意识的产生都说明尼安德特人的大脑较之前人有了进化。

约4万—3万年前，尼安德特人不明原因地绝迹了。

有观点认为尼安德特人的消失，是因为其自身不能适应环境而导致消亡；也有观点认为是后来的智人消灭了尼安德特人；还有观点认为是智人与尼安德特人交融，最后尼安德特人被人数远远大于他们的智人给同化了。

约4万—1万年前，智人在洞穴岩石上的绘画

❀ 智人出现

　　大约10万年前，亚非大陆上出现了"智人"。

　　智人：有智慧的人、聪慧的人。

　　约7万—6万年前，一部分生活在亚非地区的智人抱着外出闯江湖、讨生活的想法离开了亚非地区，踏上了欧洲这片陌生的土地。

　　当他们来到欧洲后却惊奇地发现：咦？怎么这里竟然还有一群跟自己长相差不多的人？太意外了！真是"天外有天、人外有人"！

　　或许是巧合，也或许是前面说到的原因，智人来到欧洲后，尼安德特人就销声匿迹了。尼安德特人灭绝后，智人成为人类进化史上原始人类家族中唯一的一支后代，是原始人类在这个地球上仅存的血脉。

　　考古成果表明，智人以群居方式生活，他们不仅具有制作简单工具、搭建简易建筑以及狩猎等日常生活的能力，还具有一定的艺术创造力。在大约4万—1万年前的洞穴岩石上，考古人员发现了智人所绘的牛、鹿、马的形象，这些都是智人狩猎时常见的动物。从这些岩石绘画上，可知智人的绘画能力已经具有了相当的水准。另外，智人还搭建了带有围墙的窑炉，并烧制了数千个动物陶俑以及小雕像等。更令人吃惊的是，他

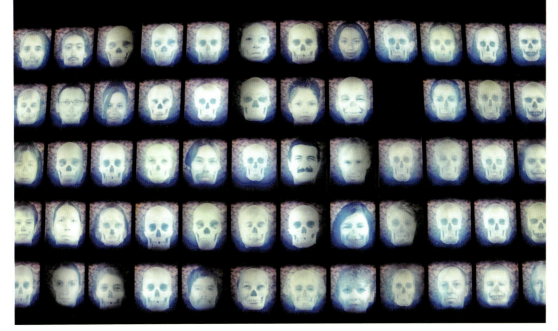

动态影像

们还创作了更有艺术感的牙雕作品——在猛犸象牙上刻划出动物和人物的形象。

大约1万年前，智人的身体特征演变为"现代人"的样子。

展厅中的最后一部分是一幅巨大的动态影像作品。作品中所显示的不同种族、不同年龄、不同性别的人每隔几秒钟其头像就会变化一次，它们展示了人由幼年、青年、中年、老年乃至变成骷髅……

莽莽宇宙，浩渺星空，约40亿年过去，无数生命过往。从40亿年前海洋中第一个单细胞生物诞生，到进化为藻类、海洋虫类、鱼类；再到约3亿年前，某种海洋鱼类爬上陆地成为两栖动物；再到6000万年前，一种后来成为地球主人的哺乳类动物的诞生，进而在6000万年的进化演变过程中，这种哺乳类动物中的一个分支演变为古猿（南方古猿）、能人、直立人、智人、现代人。在40亿年漫长的历史长河中，生命体经历了无数灭顶之灾，但它们终究没能阻挡住人类的诞生。人类是地球上唯一一种有逻辑思维的生物，人类因此把自己定义为"高级生物"。

作为地球上的高级生物，目前，在自然条件下人类的正常寿命约为120岁。即便如此，人类在宇宙星空中也不过是转瞬即逝的一粒微尘。那么，40亿年后，人类作为某一时代曾经最伟大的生命体，这个群体会给宇宙世界留下什么呢……

二、在中部高原邂逅美洲文明的源头

美洲人为什么和中国人长得有点像？

"

这位看上去是不是有点脸熟？

有点像隔壁老王？或者同事小张？

……

他是谁？

他是中部高原展厅中的一件人形陶塑。

他的籍贯：古代墨西哥中部高原地区；

职业：杂技演员；

相貌：大脸，宽额，扁鼻，厚唇，具有典型的奥尔梅克（Olmeic）人的容貌特征。

"杂技演员"陶塑

奥尔梅克：墨西哥湾沿岸地名。

奥尔梅克风格巨石头像

"

看！这位也是大脸、宽额、扁（塌）鼻、厚唇，也具有奥尔梅克人的相貌特征。

单看奥尔梅克人的长相你可能觉得他们不够机灵甚至还有点木呆。那你可就是以貌取人了——众所周知的玛雅文明，其源头正是来自奥尔梅克人所创造的奥尔梅克文明！

奥尔梅克人为什么会有非洲人厚唇、亚洲人大脸扁鼻的特征？

奥尔梅克文明又有什么特点？

走进中部高原展厅，近距离了解奥尔梅克人及其古老的"奥尔梅克文明"。

在人类起源与早期人类展厅中，我们已知人类起源于非洲……由于气候的变化，直立人迫于生存的压力，从非洲迁徙到了亚洲和欧洲，并在亚、欧分别进化为智人和尼安德特人……之后，智人也来到了欧洲并取代了尼安德特人，最终智人进化为现代人。从远古时期原始人类的迁徙轨迹可知，早期的美洲大陆并不曾有原始人类抵达（海洋的阻隔使他们不知道彼岸还另有一个大陆）。直到冰河时期，由于海平面的下降导致白令海峡下面的陆地露出，这块陆地将亚洲和美洲连接起来，地理学上称之为"白令陆桥"。居住在亚洲的原始人通过"白令陆桥"进入美洲，成为美洲印第安人的祖先。

这也就解释了为什么美洲人跟非洲人、亚洲人长相相近，因为**美洲人的祖先原本就是亚洲人和非洲人**。故而，奥尔梅克人（美洲人）和"隔壁老王"长得有点像也就不足为奇了，从进化论的角度看他们有着同祖不同宗的亲缘关系。这就如同一个大家族中，爷爷有三个儿子A、B、C，三个儿子又分别生了N个儿子（爷爷的孙

人类进化模拟场景 V

子），孙子们又分别生了 N 个儿子（爷爷的重孙）……那么，爷爷就是这个大家族中的"祖"，他的三个儿子及各自的后代逐渐就形成了各自不同的宗系，也即 A、B、C 三个宗族。这三个宗族的人因为有着共同的"祖"，故而有可能在经过数十代或数百代的繁衍后依然具有相像的容貌特征。同理，美洲人与亚洲人、非洲人的关系也类似于这种祖宗关系。甚至从人类学的角度说，地球上的人与非洲原始人之间都存在着这种祖宗关系。

原始人从白令陆桥踏上美洲大陆后，不断寻找着适宜生存的地方。其中一部分人来到了雨量充沛的墨西哥中部。

墨西哥中部属于高原地带，其四周被海拔 4000 多米的高山峡谷所环绕，这里有众多的河流、湖泊以及丰富的动植物资源，这对于四处寻找安身之地的美洲先民来说不失为一个适宜的落脚之处。先民们在这里停留下来并发展农业，逐步过上了稳定的群居生活。

❀ 文明的曙光

什么是"文明"？

首先，文明是人类聚居生活的产物，人类必须聚居在一起形成一定规模的群居生活才会有文明产生。早期人类以狩猎为生，居无定所，三五成群，随遇而安，无法形成群居规模，因此不具备文明产生的条件。

约公元前4000年，墨西哥与中美洲一带的先民们开始试种玉米。玉米种植的成功使先民们有了建立定居点的可能。这是因为农作物种植从播种到收获需要一定的时间，因而使得人们不得不在耕地的旁边搭建固定住所以便于农耕劳动，固定居所由此形成。定居村落的建立为人类进入农耕时代奠定了基础。

公元前2000—前1500年间，墨西哥各地进入农耕时代。

与此同时，生活在墨西哥中部的古印第安人也在约公元前2500—前1200年间开始种植玉米、南瓜、豆类以及辣椒等作物，并形成定居的村落。由于定居村落的成员在种植、打猎、捕鱼等生产、生活关系中相互协作、各有分工，因此在提高劳动生产率的同时，成员个人所拥有的闲暇时间也多了起来。于是，人们尝试着以土来制作生活用陶器，并将自己在日常生活中所观察到的一些动植物形象反映在作品中。文明的曙光微曦初露。

中部地区的先民们根据他们所见到的

展现中部高原古印第安人烧火、做饭、狩猎等生活场景的大型绘画

鱼形罐

鸭形罐

人形陶偶

自然界中的鱼、鸭以及生活中人的形象制作了鱼形罐、鸭形罐以及人形陶偶等陶器。

约公元前1200—前400年，随着农业的发展，定居点的人口也在不断增长。人口的增长促使了物物交换需求的产生，由此村落与村落之间便有了贸易往来。贸易交换的结果反过来又促进了农业生产与村落内部组织的分工，社会朝着文明的方向又迈进了一步。

农业社会向来是靠天吃饭，古代更是如此。那时的人们对于影响作物收成的天气因素如暴风、暴雨、干旱以及其他自然灾害等现象完全不知其因，人们坚信这一切都是由一个或几个拥有超自然能力的"神"在掌控着。而对于生活在热带雨林中的美洲印第安人来说，没有什么比掌控雨水更重要的神了，于是美洲豹、蛇等常年生活在热带雨林中的动物就被视作了雨神的化身。人们为此建立神殿、筑造金字塔、制作祭器来敬奉雨神。在中部高原展厅中就展示有多个以美洲豹为题材制作的雕像以及祭祀用器。

这件奥尔梅克风格坐姿陶塑是一件拟人化了的美洲豹神形象的陶偶，制作者以其变形的头部来表示它的超自然力。它的样貌同样也结合了奥尔梅克人的特点。

奥尔梅克风格坐姿陶塑

祭司坐像塑造了一个披着美洲豹毛皮的祭司形象。这位祭司有着粗粗的眉毛、厚厚的嘴唇、宽扁的鼻子（典型的奥尔梅克人容貌特征）。他的头上戴有象征美洲豹的头饰，嘴角明显下垂，美洲豹皮的两个前爪披搭在他的肩上，其四肢形态也在模仿美洲豹的样子。祭司通过把自己装扮成美洲豹神的模样来进行法事活动。这件陶塑让我们看到了当时宗教活动中祭司的真实形象。

祭司坐像

即便是在今天，在墨西哥街头仍然可以看到一些印第安土著头戴美洲豹头饰、身披美洲豹（虎）皮所进行的宗教仪式或土著舞蹈表演。他们的装扮几乎和祭司坐像中的人物一模一样，甚至连嘴角也是近乎一致的下垂形。

时间到了约公元前400年至公元200年，人们对宇宙和自然的认识又有了新的发展，神灵崇拜中又增加了火神与水神。其原因可能是中部的普埃布拉等地区靠近活火山，人们对"火山"与"河流"产生了敬畏之心。考古发掘中找到的"火神陶塑"证实了当时的火神信仰。

从公元前2500年到公元200年，中部高原的先民们完成了从种植玉米到制作陶器、从定居村落到神灵崇拜的原始文明的积累与发展历程，文明的曙光初光乍露。

这个佩戴耳饰、盘腿而坐的老者身后背着的火盆表明了它的火神特征。

火神陶俑

❀ 奥尔梅克文明

　　在奥尔梅克文明没有被发现之前，人们一直认为玛雅文明是中美洲地区最古老的文明。直到19世纪中叶（1853—1862），一些巨大的人头石像在墨西哥湾沿岸的韦拉克鲁斯州（Veracruz）的特雷斯萨巴特斯（Tres Zapotes）被发现；之后，20世纪初（1925），在墨西哥湾沿岸的塔巴斯科州（Tabasco）的拉文塔（La Venta）又发现了一些特征相同的巨石头像；再后来，20世纪中叶（1945、1946），在墨西哥中南部的圣洛伦佐（San Lorenzo）又相继发现了多个巨石头像。而所有这些巨石头像的容貌特征都近乎相同：大脸、宽额、扁鼻、厚唇。

　　经过考古学家的深入研究，终于弄清了这些不同地区的巨大人头石像之间的关系：大约在公元前1200年前后，在墨西哥湾沿岸的奥尔梅克地区形成了一个宗教中心，人们纷纷向它聚集过来。

　　奥尔梅克建有巨大的神庙、祭坛以及巨大的人头石像。这些巨石头像是人们按照自己心目中美洲豹神的样子所塑造的"美洲豹巨石头像"（这些石像很可能是按照当地首领或统治者的相貌制作的）。之后，这些带

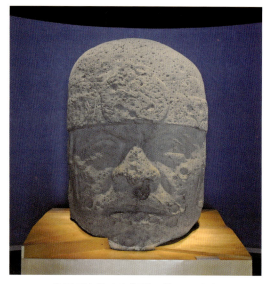

发现于韦拉克鲁斯地区的巨石头像

有宗教色彩的神庙、祭坛、石像等由奥尔梅克向周边地区辐射影响，并因此在中部高原等地留下印迹。考古学家们将这些位于不同地区却具有相同文化特征的古代遗迹、遗物统归命名为"奥尔梅克文明／文化"。

　　奥尔梅克文明是一种宗教文明，是目前已知的墨西哥和中美洲地区最古老的文明，是中美洲所有古代文化的母体。墨西哥中部的**圣洛伦佐**、墨西哥湾沿岸的塔巴斯科州的**拉文塔**以及韦拉克鲁斯州的**特雷斯萨巴特斯**是奥尔梅克文明最重要的三处遗迹。

❀ 奥尔梅克文明是玛雅文明的源头

1939年1月，一块刻有历法的大石碑在特雷斯萨巴特斯地区最大的一座古冢基部被发现。人们发现这块石碑上的历法原理与之前发现的玛雅历法的原理相通，都是以"·"表示"1"，以横线"—"表示"5"，并且通过运用玛雅历法的解读方法成功识别出了这块石碑上所表示的历法时间——"公元前31年"。而当时的考古学研究已经获知了玛雅文明最早的时间是在公元320年，也就是说，从时间上看奥尔梅克文明比玛雅文明还要早350多年。

由于"玛雅文明是中美洲最古老文明"的观点在学界已是共识，因此当"奥尔梅克文明"突然横刀夺爱时，玛雅派从心理上难以接受，"不可能有比玛雅文明更古老的文明"，玛雅派的态度很坚决。

最终，还是通过使用科技手段——放射性碳素断代法，确认了奥尔梅克文明是比玛雅文明还要早的古老文明。

随着考古学研究的不断深入，奥尔梅克文明的起始年代目前被推进至约公元前1800年，消失于约公元200年。奥尔梅克文明是宗教文明，其特点是建有神殿、金字塔等宗教建筑以及带有美洲豹特征的巨大人头像石雕。而之后发展起来的玛雅文明、阿兹特克文明也都建有相同风格的神殿和金字塔建筑，由此可见奥尔梅克文明对后来文明的影响。

小知识

放射性碳素断代：利用死亡生物体中碳-14不断衰变的原理测年的技术。又称"碳-14断代"。生物体内含有浓度与大气中相同的放射性同位素碳-14，它们在机体死亡后，依每隔大约5730±40年减少一半的速度衰变。只要测出有机物中碳-14放射性减少的程度，便可推知其死亡年代。考古学上利用"碳-14衰变原理"，测定出同一遗址中动物骨骼的年代，进而推算出遗址中其他物品的年代。1949年该技术被应用于考古学，是使用最广泛的一种考古测年技术。该技术适用范围为5万年以内的物质。另，通常所说的距今年代，按国际通例统一以公元1950年为起点。

中部高原为何出现大量双头双身的怪异陶偶？

中部高原展厅最令人印象深刻的是那些造型奇特、形态各异的陶器与陶偶。

大约在公元前2500—前1200年间，定居的生活使人们有了闲暇时间来制作手工制品，其中不乏一些以黏土制作的陶偶与生活用器。这些陶器不仅反映了那一时期当地居民在物质文化生活方面的状态与追求，也展现了这一地区陶器制作的技艺与审美水平。

墨西哥中部高原的自然资源十分丰富，这里湖泊环绕、植被茂密、动物种类繁多。环境的多样性使生活在这里的居民见多识广，人们从多姿多彩的生活环境中提取出自己喜爱的各种动植物形象并把它们绘画在陶器上，如草木花果、鱼鸭蛇兔等，甚至还绘画有其他古代文明地区不常见的昆虫类以及藻类植物等图案。这些朴实的"自然主义"绘画不仅展现了中部地区先民们的生活情趣与审美水平，还透露出他们对大自然环境中各种动植物的喜爱程度。

中部高原展厅的陶制品从观赏的角度大致可分为两大类：

1. 正常类：能够直观地看出陶器所塑造的动植物或人物形象的一类陶器，如鸟形陶罐、鱼纹陶罐所表现出的鱼、鸟等形象的陶器。

2. 非正常类：不能够直观地看出陶器所塑造的动植物或人物形象的一类陶器，如双头双体陶偶等怪异造型的陶器。

人形陶罐

人形陶偶

鸟形陶罐

双头双体陶偶

鱼纹陶罐

陶面具

✿ 女性题材陶艺制品

在中部高原展厅中有大量表现中部高原早期居民家庭生活以及女性形象的陶艺制品。女性题材的频繁出现，表明当时社会对于家庭关爱以及生育能力的重视。人类的群体定居生活促使了家庭单位的产生，而家庭是构成社会的基础。这些陶偶被刻意地突出了女性的性别特征以及母亲的形象，表明此时的人们已经意识到女性的生育能力与家庭以及社会发展的关系。

仔细看这两件陶偶，你会惊奇地发现"母与子"两人的长相非常相像，用我们现在的话来说"简直就是一个模子里扣出来的"。这说明当时的人们已经观察到了血缘关系的某些现象。尽管彼时人们还不可能知道"遗传"的概念，但在他们的头脑中却已经有了"遗传"的意识。这个意识被他们下意识地表现在了陶器作品中。这也是我们可以通过古人留下的遗物去探索和了解古人的思想、智慧乃至智商、情商的原因所在。

母亲与孩子

女性陶偶

　　女性陶偶通过塑造凸起的胸部（乳房）、夸大的臀部和粗壮的腿部来表现女性的性别与形象特征。这些特征除了强调女性的生育能力外，也从另一个角度反映出当时（约公元前1200—前400年）中部地区女性的体态特征——丰腴健康。此体态特征与世界上其他原始文化中对于女性体态的塑造几乎不期而同。

怀孕妇女陶偶

✿ 造型怪异的陶偶与陶面具

奥尔梅克文明是宗教文明，故而这一地区（包括其文化所辐射到的地区）的居民所制作的陶器很多都带有明显的宗教性。比如，一些陶偶或面具的牙齿被削成尖细状，就是为了模仿美洲豹牙齿的样子；还有一些陶偶的眼睛呈现出细长的"吊吊眼"状，这也是在模仿美洲豹的形象。尽管这部分陶艺制品所表现出来的形象有点怪异，但观众基本上还是能够通过其外在的形象看出或猜出它所要表达的寓意。而另外一部分的陶艺作品所展现的形象却令人茫然无知、颇为费解，如单躯双头陶偶、一头双面陶偶等。

"吊吊眼"陶偶

单躯双头与一头双面陶偶

单躯双头陶偶

一头双面陶偶

这些独具特色的怪异小陶塑究竟在表达什么意思呢？根据相关资料的解释：在前古典时期中期，二元性是当时很重要的一种宗教意识。常见的表现方法为"一个躯干上有两个头"或者"一个头上有两张脸"，这些二元性的意识很可能是中美洲宗教的基础。也就是说，这些小陶塑有可能是表达了中美洲地区先民们的一种带有宗教观念的生死观。

所谓二元性，简单说是指看待事物的一种认知方式，比如善与恶、对与错、生与死，这些都属于人们对事物的认知，而不是事物本身的真相。本文所涉及的二元思想主要是指中部高原居民对"生与死"的认知。关于"二元论"，最有名的就是法国思想家、科学家笛卡儿的那句名言——"我思故我在"。"我思故我在"是典型的二元论思想。

小知识

学界将中美洲文化的演变历史划分为三个时期：（1）前古典时期：公元前2500—公元200年；（2）古典时期：公元200—900年；（3）后古典时期：公元900—1521年。而前古典时期又分为前古典时期早期（公元前2500—前1200年）、中期（公元前1200—前400年）和晚期（公元前400年—公元200年）三个时间段。

二元论：宗教上和哲学上的一种观点。认为世上存在着两种主要的互相对立的本原，通常就是指善与恶。

然而，问题的焦点在于距今约3500年前的墨西哥中部高原的居民为何就具有了这样的创意能力——"一个躯干上长着两个头"或者"一个头上带有两张脸"。他们的这种想象力是从哪里来的？是凭空而来的吗？

理论上说，想象力的本质是人在已有形象的基础上在头脑中进行再创造新形象的一种能力。比如，人发现飞翔的小鸟带有翅膀，于是人就想象出自己插上翅膀在天空中飞翔的画面，再后来就有了飞机、飞船。可以说，想象力是推动人类进步的原动力之一。想象力是人的大脑的一种功能，属于高级思维能力。

因此，假如这些怪异陶偶来自中部高原先民的想象力，那么他们的大脑就必然具有了一定程度的高级思维能力。这或许就解释了我们至今仍未能破解美洲文明中的很多谜团的原因——当时可能存在着超越现代文明的更高阶的文明与智慧。

当然，也可能是另一种情况——跟想象力无关，仅因为他们真实地见到过这种形象的人。实际上连体人在现代社会中也存在，现代医学对此的解释是：正常的妊娠过程是精子与卵子结合形成受精卵，受精卵经十月怀胎后发育成一个成熟的胎儿。而双胞胎（或多胞胎）则是因为受精卵在发育过程中分

"阴阳脸"陶面具

公元前1200年

"阴阳脸"陶面具，展现了一半是肉脸、一半是骷髅的造型，其创作时期正是奥尔梅克宗教文化兴起之后。在墨西哥中部地区的特拉蒂尔科（Tlatilco）的墓葬中，就曾发现过不少这类带有宗教色彩的小陶艺。据分析，这些小陶艺可能是人们在家里进行宗教礼仪活动时的祭祀用品，也可能是类似地母神等神灵的雕像，或者也可能是护身符等。另外，从艺术的角度看，这些小陶艺同时还反映出这一时期该地区陶匠对于陶器造型艺术的创意与把握能力。

离成两个（或多个）子体，之后子体们分别长成成熟胎儿。而连体人的形成是因为受精卵在分离成两个子体的过程中出现了意外，它们没能彻底分离，而是仅分离了局部；之后局部分离的受精卵各自继续成熟，最终形成了连体胎儿。

从医学的角度看，每10万次怀孕中约有1例妊娠意外发生，但大部分连体胎儿在胚胎期就夭折了，分娩成功率只有20万分之一。因此，无论是现在还是几千年前的墨西哥中部地区都存在连体人出生的概率。也即，几千年前墨西哥中部地区的居民见过连体人的可能性是有的。故而，"因为见过所以制作"这个逻辑也是说得通的。

那么，他们为什么要制作这些明显与常人不同的连体人陶偶呢？

同属于美洲文明的印加文明中也有制作"残疾人"陶偶的习俗，他们将这些天生就有缺陷（非后天形成）的人，看作上天为了将他们与凡夫俗子做出区别而特意在他们身体上做出的标记，使他们一出生就与众不同，这些人身上往往都具有与众不同的神异功能。在印加地区，因为人们有了这样的信念（信仰），因此天生有缺陷的人不仅不会被冷落，反而更受人们的尊敬。

由此来看，中部地区先民们会不会也有这样的信仰？他们因为崇敬而制作了大量的连体人陶偶？

另外也有人认为，这些连体陶偶是当时降临到中部地区的外星人的形象，他们以神奇的能力帮助当地居民建造了巨大的金字塔，人们因此视其为天神而顶礼膜拜。

关于"怪异"陶偶，目前学界及各方尚未有统一的结论。有观点认为是中部高原先民们的二元论生死观的体现，也有观点认为是神灵崇拜，另外还有"外星人"说法。所有上述观点或说法在没有更多的考古证据出现之前，也都只能是猜测。

三、圣城特奥蒂瓦坎

美洲"活人祭"的真实发生地：特奥蒂瓦坎

走出中部高原展厅，接着就来到了墨馆的特奥蒂瓦坎展厅。乍一听这拗口的名字，你对它的兴趣或许就已经打了折扣。别急，先来看看这个"特奥蒂瓦坎"究竟是怎么回事。

人们常说神在天上住天宫，神在水中住龙宫。那么，神在陆地住在哪儿？神住"特奥蒂瓦坎"。

特奥蒂瓦坎，纳瓦特（Nahuatl）语*的意思是"众神之地"，意指众神居住的地方。"哦，这是一座虚构的城市"，你心里这样想。

错！特奥蒂瓦坎非但不是一个虚构之地，反而还是古代世界上最繁华的国际大都市之一。它是中美洲地区的第一座城市，曾拥有最多的人口、最繁华的街市、最兴盛的贸易中心。而这座中美洲地区曾经最辉煌的大都市的众多遗物现在就展陈在墨馆的特奥蒂瓦坎展厅。

*古代墨西哥中部等地区的通用语言。

特奥蒂瓦坎古城遗址

❀ 一个充满血腥的众神之地

特奥蒂瓦坎是众神在陆地的居所，人们想象中它应该是阳光明媚、鸟语花香、桃红柳绿之境，但事实却恰恰相反——它是一个成千上万人排队等候被剜心放血的地方。每到祭祀日，这里便血流成河，叠尸如山。

从现代人的视角看，这里无疑是一个充满了恐怖与血腥的人间地狱。但在当时，在那些排队等候被剜心的牺牲者心目中，这里却是一个让他们向神奉献崇敬之心的圣地，他们为此而感到无比的自豪与无上的荣耀。

这到底是怎样的一座城市？

它何时建立、何时消亡？它又曾达到过怎样的文明高度？

在参观特奥蒂瓦坎展厅之前，我们先来了解一下有关"特奥蒂瓦坎"这座城市的历史。

❀ 特奥蒂瓦坎的由来

奥尔梅克文明时期，在墨西哥中部以及墨西哥湾沿岸地区曾建立起了众多以神殿为中心的聚居区。约公元前100年前后，一场突如其来的火山大爆发致使中部地区一些聚居区的居民大量迁徙到了墨西哥中部盆地的东北部。这里群山环绕，河流交错，不仅有适宜农作物生长的生态环境，还有黑曜石

小知识

牺牲：本义指为祭祀而宰杀的牲畜，后也用于为信仰而赴死的人。

等丰富的矿藏。于是，逃难的人们在这里停留下来，组成了一个联合的定居村庄。这个村庄经过不断壮大，最终形成了一座规模宏大的城市——特奥蒂瓦坎。

特奥蒂瓦坎，约建立于公元前100年，之后在公元700年前后突然陨灭，经历了大约700余年的城市历史。这座城市当时叫什么名字，没有人知道。

大约又过了500年，在约12世纪时，一群外地人误打误撞来到了此地。他们被眼前这座雄伟壮丽、规模宏大的城池所震惊——尽管它当时已是一座废城，但仍能看出其原来的气势。他们情不自禁地感叹道："这就是众神生活的地方（特奥蒂瓦坎）啊！"于是，这座城市的名字就这样被一直传颂至今。而这群误撞进来的外地人就是日后名扬

世界文明史的阿兹特克人，他们创造了美洲古代三大文明之一的阿兹特克文明，著名的"世界末日"太阳历石就是他们的杰作。

❀ 繁华大都市特奥蒂瓦坎

在公元1—150年间，特奥蒂瓦坎的城市规模逐渐壮大起来。这一时期建造了两座庞大的建筑——太阳金字塔和月亮金字塔，以及宽阔的城市中央大道。

太阳金字塔位于中央大道的东侧，它是整座城市中最高大、最宏伟的建筑，是专为举行祭祀仪式而修建的神殿建筑，是整座城市的信仰中心。太阳金字塔现高63米，其顶部原来建有高大的神殿，现神殿已缺失。

中央大道的尽头、道路的最北端是月亮

太阳金字塔

月亮金字塔

中央大道两侧的阶梯金字塔遗迹

金字塔，其规模略小于太阳金字塔。其塔顶原本也建有神殿，现神殿已毁。现存的中央大道长约2公里，道路笔直，这使得位于道路尽头的月亮金字塔看上去并不太远，但实际走起来却是望山累死马，再加上道路两侧没有任何遮阳物，倘若是在夏季，这条大道走下来还是相当辛苦的。

古时，中央大道的两侧建有私人府邸、高级公寓以及商贸集市等。现在这条大道的两侧只能看见一些阶梯金字塔的遗迹，原本建在它上面的屋舍等建筑早已杳无踪迹。

特奥蒂瓦坎约在公元500年前后达到鼎盛。鼎盛时期的特奥蒂瓦坎城市面积约22平方公里，人口约10万人，是当时中美洲地区最大的城市，也是中美洲最大的贸易

中心。其时，城市中心的中央大道宽40米、长5公里，大道两侧的商铺店面鳞次栉比，官邸豪宅比邻而居，神殿庙宇巍峨耸立，其繁华热闹的程度绝不亚于现代大都市的中心商业街。

❀ 宗教圣城特奥蒂瓦坎

特奥蒂瓦坎是一座因宗教而发展起来的城市。由于火山爆发等原因，原来居住在奥尔梅克文化圈的居民逃难来到了这里，与他们一起来的还有他们心中的神。人们在特奥蒂瓦坎修建了太阳金字塔、月亮金字塔、羽蛇神金字塔等大型宗教建筑，并因此引来了远近聚居点络绎不绝的朝圣者；之后，这里

形成了一个庞大的人口聚居地，市集、商贸等配套功能也随之出现；最后，它发展成为一座颇具影响力的大都市。

特奥蒂瓦坎人有着狂热的宗教信仰，他们信仰太阳神。他们认为宇宙世界之所以能够正常运转完全仰仗于太阳神的神力，但太阳神必须要吃活人的心脏才能不断地补充能量发挥神力。于是，为了保证太阳神能够维护宇宙的正常运转，能够普照大地，人们便定期在太阳金字塔上的太阳神殿中举行隆重的"活人祭"祭祀仪式（关于"活人祭"仪式，详见本书《墨西卡与阿兹特克文明》）。祭祀仪式中，由祭司以石刀直接剜取活人的心脏，再经由各种祭祀仪式将这些活体心脏奉献给太阳神以取悦神灵。由于每次祭祀活动都伴有大批牺牲者，因此中央大道后来也被称为"亡灵大道"。

这种以活体心脏祭祀太阳神的宗教仪式在中美洲地区一直延续了上千年。并且，直至阿兹特克文明时期，这种血腥的祭祀活动非但没有因为时间已来到公元13—15世纪而减弱，反而更加的狂热。

中央大道

"死神之脸" 石盘

公元1—650年
安山岩

　　这块"死神之脸"石盘是墨馆的镇馆之宝之一。1964年，它被发现于太阳金字塔前的神殿广场。

　　"死神之脸"石盘由中央的骷髅与外围的光芒（光芒应为整圈，现仅存半圈）两部分构成，其中间的骷髅象征着特奥蒂瓦坎人对死亡的崇拜。当时的艺术家用光芒环绕骷髅这样的造型来寓意"太阳周而复始地从东方升起又在西方落下；太阳不仅在白天光耀人间，也在夜幕降临后照亮死者的世界"。据猜测，"骷髅"有可能代表的是太阳神。这种圆盘＋骷髅＋光芒的形式是特奥蒂瓦坎文化所特有的元素符号，这些元素符号在后期的阿兹特克文明中也曾重现。

❀ 神妙莫测的羽蛇神金字塔

位于亡灵大道起点处东侧的羽蛇神金字塔是特奥蒂瓦坎最重要的三大宗教建筑之一，是专为祭祀羽蛇神奎兹尔科亚特而建造的神殿建筑，修建时间约为公元200年。

特奥蒂瓦坎人对羽蛇神的尊崇毫不亚于对太阳神的崇拜，在他们看来农作物的生长不仅需要阳光普照，也需要雨露滋润。由此，他们为掌控雨水的雨神修建了一座集天文学、数学、建筑学以及美学于一体的宏大建筑——羽蛇神金字塔。

羽蛇神金字塔原本是由阶梯金字塔及其上面的神殿建筑两部分构成，但现在保留下来的遗迹仅依稀可见一座六层阶梯状的残缺塔身。

令人惊叹的是，在塔身的每一层上都雕刻有精美的羽蛇神以及另一神灵（据说是雨神特拉洛克 [Tlaloc]）的高浮雕头像。这些从阶梯壁上"冒"出来的羽蛇神头像与梯壁连在一起，就像是一条蜿蜒的巨蛇游走于阶梯之上。更令人叫绝的是，传说每年春分与秋分日落时刻，这些高浮雕蛇头在光影的映照下宛若一条巨蛇从塔顶游向塔底并钻入大地，寓意了羽蛇神在这一时刻苏醒，并将雨露甘霖播洒大地。这一"光影"现象展示了特奥蒂瓦坎人对于天文学、建筑学以及几何学的精确把握及运用能力。

羽蛇神金字塔遗迹

羽蛇神金字塔阶梯壁上的羽蛇神头像

❀ 雨神的演变——羽蛇神

奥尔梅克时代，人们将栖息于热带雨林中的美洲豹、蛇等动物视为雨神的化身，进而产生了对美洲豹神和蛇神的崇拜。到了特奥蒂瓦坎时代，蛇神的形象又被增添上了羽毛，成为羽蛇神，这或许是为了满足人们让蛇神拥有上天入地神力的美好愿望而为之。不仅如此，蛇神的神力也从单一掌管雨水扩大到了农耕与文化等多个领域，成为集农神与文化神等多种神力于一身的羽蛇神。曾有美术研究者对奥尔梅克时期蛇神的脸谱与特奥蒂瓦坎时期羽蛇神的脸谱进行了系统性研究，结果从中发现了两者之间的渐变关系，从另一个角度印证了蛇神到羽蛇神信仰的演变过程。

羽蛇神信仰，自特奥蒂瓦坎时代起便一直传承不辍，并深刻影响了之后的美洲文明。

羽蛇神金字塔遗迹中，头部环绕羽毛、大口怒张者是羽蛇神的头像。

羽蛇神金字塔遗迹（局部）

特奥蒂瓦坎羽蛇神金字塔（复制）

　　墨馆在特奥蒂瓦坎展厅为观众呈现出了一个完全按原貌、原建筑大小复制的特奥蒂瓦坎羽蛇神金字塔的局部塔身（复制品仅制作了三层阶梯的半边），这座巨大的金字塔建筑占据了展厅北侧的整片区域。复制品同时还复原了金字塔的色彩（遗址中的金字塔色彩几乎褪尽），使羽蛇神的形象看上去更加生动多姿且富有感染力，观众在此仿佛看到了一条斑斓闪烁的羽蛇正沿着塔壁蜿蜒而动。复制品的展出不仅还原了金字塔的原始形貌，还为不能到访遗址现场的观众提供了一个"亲临现场"的直观体验。

小广场上的祭坛遗迹

❀ 布局神秘的祭坛

在中央大道的终点、月亮金字塔的前方有一个小广场，广场两侧坐落着12座祭坛建筑（现仅剩塔状基座）。据考证这些祭坛以及两座金字塔的布局与天文星象、宇宙运行轨迹有着惊人的巧合与呼应……

特奥蒂瓦坎人为什么要这样布局祭坛的位置？它们有什么特殊的寓意？又或者是与天文、天象有什么宗教上的呼应？尽管我们现在还不知道他们这样布局的原因，但从已考证出来的结果看，特奥蒂瓦坎人无疑已经掌握了天文学的有关知识以及精确的数学计算能力。问题是，距今2000年前的墨西哥中部盆地的人是如何拥有这种能力的？

❀ 谜一样的结局

约公元700年前后，特奥蒂瓦坎这座颇具规模的古城突然在很短的时间内不明原因地消亡了，仿佛是在一夜之间人去城空、世间蒸发了一样。火灾乎？战争乎？天灾、内乱乎？没有人知道这其中的真相……自此，这座曾经繁华鼎沸的城市渐入荒芜，悄然落幕。

如今，特奥蒂瓦坎是墨西哥著名的旅游胜地，每天光顾这里的游客熙来攘往，好不热闹。遥想当年，在城市宽阔的中央大道两侧，每逢祭祀日各处神殿熏香燃草、石斧剜心、堆尸如山、血流成河……想想都让人不寒而栗，若不是旅游胜地，怕是没有人敢走在这条不知涂炭了多少生灵的"亡灵大道"上。

1987 年联合国教科文组织正式将"特奥蒂瓦坎古城"作为文化遗产，列入《世界遗产名录》。

世界上最早的球赛，球门挂在墙上

　　特奥蒂瓦坎展厅中的文物大多出自特奥蒂瓦坎古城，也有少部分出自特奥蒂瓦坎文化圈中的其他地区，还有一些是复制品。

　　关于特奥蒂瓦坎，人们印象最深的就是它那充满了恐怖与血腥的"活人祭"仪式：祭司们将活人的心脏剜出来敬献给神灵，并切开他们的喉咙，将流淌出来的新鲜血液奉献给嗜血的太阳神……实际上，除了"活人祭"仪式外，特奥蒂瓦坎人还有另外一种更加残酷与血腥的祭祀方式：球戏比赛。

　　在特奥蒂瓦坎展厅的中央位置伫立有两尊巨石雕塑，其中一尊就是球赛标记石碑，它被用来标记一种古老的球戏比赛——乌拉玛（Ullama）。

球赛标记石碑

公元1—650年
安山岩等
特奥蒂瓦坎地区出土

球赛标记石碑由三个形状
各异的石块与一根石柱组成。
顶端是一个中间镂空的大石盘，
石盘上有一圈石刻的羽毛作为
装饰，它的中间是一些类似于
作物的图案，寓意了球赛与祈
祷农作物丰收之间的关系。中
间的大石球代表了球赛所使用
的橡胶球，这是一种非常重的
实心橡胶球，使用橡胶制作比
赛用球可能是因为当地富有橡
胶树，另外，橡胶球具有很好
的弹性也是原因之一。最下面
的是一个类似钟形的石座，有
可能是模仿金字塔的造型，寓
意祭祀。

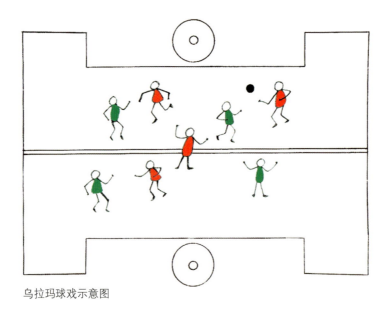

乌拉玛球戏示意图

❀ 世界上最早的球赛

这种被称作"乌拉玛"的球戏诞生于约公元前2500年，它可能是世界上目前已知的最早的球类游戏。它的玩法是双方各2—4名队员（玩法不同，队员数有所不同），队员只能用肩、肘、胯和臀部击球，最终以将球拱入石环中的圆孔者为胜。

考古学家们在特奥蒂瓦坎周边的特潘提拉（Tepantitla）的特拉罗坎（Tlalocan）壁画上发现了描绘这种球戏比赛的画面。

画面中，有几个人在玩一种木棒游戏，另有一个人站在球赛标记的旁边；整幅壁画中描绘有两个球赛标记。专家们猜测特奥蒂瓦坎的球戏比赛或是早期中美洲地区球戏的一种变体。

墨馆复制了一个乌拉玛球场，供观众以此想象出当年中美洲流行的乌拉玛球戏的大致样貌。乌拉玛的球门与我们现在的足球门不同，它是悬挂在墙壁上的、中间带有圆孔的、距离地面约为1米高的一个大石环。乌拉玛比赛不计时，首先将球送进对方"球门"的一方获胜，比赛到此结束。

球戏比赛是中美洲地区为祈祷农作物丰收而举行的一种祭祀仪式，它虽然与我们现在的足球比赛有些类似，但本质却完全不同，这个听上去很娱乐化的运动，实际上是一种非常血腥的祭祀仪式中的一个环节。而展示在特奥蒂瓦坎展厅中央的这尊球赛标记便是这种祭祀活动的实物遗存。

复制的乌拉玛球场 *

❀ 乌拉玛球戏的宗教意义

乌拉玛球戏不是一项体育活动，它是一个非常庄严的宗教仪式。在祭祀的这天，部落酋长、大祭司会亲自主持祭祀仪式。仪式开始时先行唱颂歌等礼仪，然后进行乌拉玛球戏比赛。比赛获胜的一方将得到战斧等物质奖励，而输球的一方则被集体斩首后献祭给神灵。

古代墨西哥人相信只有将活人敬献给神灵，才能使大地充满活力，才能换来风调雨顺；而另一个很重要的原因则是人们相信斩首后由伤口喷涌而出的鲜血能够使植物再生，这也是使球戏比赛成为祈祷农作物丰收祭祀仪式中最重要的一项活动的原因所在。

＊复制的乌拉玛球场矮墙上方竖立着的众多"球门"为馆藏展品。真正比赛用的球门只是左、右墙壁上挂着的两个圆孔石环。

用牙齿做的精致项链

❀ 水之女神查尔丘特利奎

特奥蒂瓦坎展厅中心位置伫立的另一尊巨型石雕是"水之女神查尔丘特利奎（Chalchiuhtlicue）"。

查尔丘特利奎女神是雨神特拉洛克的妻子（有"女雨神"之称），而雨神特拉洛克则是由奥尔梅克时期的美洲豹神演变而来的。实际上，对于雨水的渴望一直都是农耕民族最大的祈愿，因此不管是奥尔梅克时期还是特奥蒂瓦坎时期，人们对雨神的信仰一直都传续未断，只不过不同时期的雨神会随着不同时期人们的思想以及需求的变化而有所改变。譬如，奥尔梅克时期的美洲豹神随着社会的发展演变成了特奥蒂瓦坎时期的雨神特拉洛克，并且此时的特拉洛克还拥有了妻子查尔丘特利奎女神。

查尔丘特利奎女神巨石雕像被发现于月亮金字塔附近，专家们猜测当初它可能伫立于月亮金字塔的顶端。如果这个猜测成立，那么太阳金字塔上应该也会有一个特拉洛克神的巨石雕像。如果这两个猜测都能被证实，那么或许就能够确定两座金字塔的性质——它们都与祭祀雨神／水神有关，因为对于农业社会来说没有比祈求雨水更重要的事了。

有趣的是，1890年，当这件巨型石雕被从特奥蒂瓦坎运往当时的墨西哥国家博物馆时，由于围观群众太多，以致多家媒体都发布警告说："请各位保持距离，一旦捆绑石雕的某根电缆断裂，如果它砸中你，你可能会被砸劈。"由此可见查尔丘特利奎女神石雕在当时是一件关注度极高的社会事件。

查尔丘特利奎女神石雕

公元1—650年
火山岩
重21吨

　　这件石雕作品刻画了水之女神查尔丘特利奎的美丽形象。女神头戴高大的长方形头饰，两耳佩戴硕大的圆形耳饰，脖颈上挂有片状的项饰，身上还穿着带有花纹的超短裙，这身装扮无论是在古代还是在现代都算得上是时尚美女了。

✿ 做工精美的牙齿项链

牙齿项链是特奥蒂瓦坎展厅独立展柜中的一件珍贵文物，它被发现于特奥蒂瓦坎神殿下的一个墓葬中。

研究表明，墓葬中佩戴这些项链的人是祭祀的牺牲者。他们以2人、4人、9人或者18人为一组被埋葬在坟墓中，所有人的双手都被绑在了背后，献祭时，他们被割开喉咙进行放血，因为神最喜欢吃的是人的心脏，而最爱喝的是人血。

除去宗教因素，单从项链本身来说，其精细的做工体现了当时工匠高超的制作技艺与审美水平。

牙齿项链

公元1—650年

项链的主体是由一些不同种类的、被磨成一定形状的贝壳串联在一起所组成的，其最引人注意的是它上面挂着的一些仿真牙齿。这些仿真牙齿具体有何寓意目前仍是谜。

❀ 镶有 762 块宝石的丧葬面具

祭祀仪式中，牺牲们被送上祭台剜心放血，然后遗体被包裹下葬，遗体的脸部便会被罩上这种丧葬面具。为死者佩戴面具，在世界很多地区都有类似的习俗，比较著名的有古埃及的"图坦卡蒙金面具"、古希腊的"阿伽门农金面具"等，这些金面具在当初被发现时都是罩在了死者的脸上。

石制的丧葬面具在特奥蒂瓦坎时期属于常见之物，考古人员曾在古城遗址中找到过若干个石面具。这些面具外形独特，呈倒三角状，半张着嘴，特别是以黑曜石制作的眼睛和以贝壳制作的牙齿格外引人注目。

展厅中的这件丧葬面具（右图）虽然发现于墨西哥的南部地区，但从形制上仍能看出明显的中部地区的特奥蒂瓦坎文化风格，由此可见特奥蒂瓦坎文化对南部地区的深远影响。

丧葬面具

公元900—1200年

南部格雷罗（Guerrero）地区出土

丧葬面具细节

展厅中所见的这件丧葬面具，在文化形态上它属于特奥蒂瓦坎文化。但它在继承特奥蒂瓦坎面具风格的基础上又有了改进，增加了天河石、绿松石、贝壳、赭石等镶嵌物。该面具上共镶嵌有宝石762块，其中天河石476块、绿松石276块、赭石9块、红色矿石1块，外加74个贝壳碎片做成的眼白、眉毛等。

❀ 古老的火神维维蒂奥特

火神维维蒂奥特（Huehueteotl，纳瓦特语）是墨西哥古老神话中的一个重要神祇，它经常被描绘成一个背着火盆的老人形象。

火神的这种老人形象源于奎奎尔科（Cuicuilco）文化，考古工作者在那里发现了与这些雕像相似的陶器制品，并且这种老火神的形象在之后的墨西卡文化中也有发现。只是后来的火神尽管在形象上还是老人的模样，但他头上的火盆却明显变小甚至是消失了，反映出随着时间的推移其含义也发生了变化。

奎奎尔科是位处墨西哥城西南部谷地的一座城市，其周边山脉中的西特尔（Xitle）火山曾在公元前1世纪发生过大面积的喷发，导致奎奎尔科在内的周边地区遭到严重破坏，致使该地区的大批居民迁往了墨西哥中部谷地的特奥蒂瓦坎。这也就解释了为什么火神雕塑是特奥蒂瓦坎文化中最具代表性的符号，因为经历过火山爆发的奎奎尔科人对于火神的信仰是刻在骨子里的，无论他们走到哪里，火神都将随之而至。

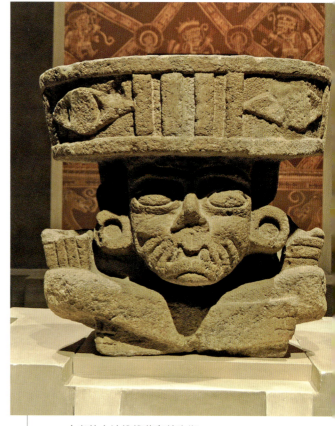

古老的火神维维蒂奥特陶塑

公元1—650年

特奥蒂瓦坎出土

这件陶塑中，火神就被刻画成了一个头顶大火盆、脸上布满皱纹、两耳垂挂大耳饰、双手放在膝盖上盘腿而坐的老人的样子，它的身体因支撑火盆的重量而变得弯曲。

✿ 最原始的陶器器型

　　直壁镂空三足彩陶罐是目前已知的特奥蒂瓦坎出产的最原始的陶器器型，它的特点是直壁和镂空三足。其器壁上的彩绘纹饰如同壁画一般精彩与精细，体现了当时特奥蒂瓦坎工匠高水准的绘画能力与彩陶制作技艺。

　　虽然目前我们还不知道这类直壁镂空三足陶器的具体寓意与用途，但它却让我们见识了特奥蒂瓦坎时期最原始的陶器形象以及它所代表的绘画与工艺水平，其历史价值不可估量，这也是它们能够被收藏在博物馆里的重要原因。

直壁镂空三足彩陶罐

　　在这件直壁镂空三足彩陶罐的罐壁上，绘有带状交织的网格纹，且每个网格的中央都绘有一朵绿色的带有齿轮状的四瓣花纹饰，这些四瓣花可能代表了特奥蒂瓦坎城市或者宇宙的四个方向。这种直壁镂空三足彩陶罐可能是人们日常的生活用器，也可能是祭祀仪式或其他活动所使用的器皿。

古代世界独树一帜的剧院式香炉

❀ 风格独特的剧院式香炉

烧香燃烛、祈福求雨是特奥蒂瓦坎人日常生活中最最重要的大事，这从他们所制作的香炉上便可窥见一斑：结构繁复且又富丽无比。这些香炉无论在结构上还是体量上都比世界其他地区的古代香炉要复杂与庞大，后人形象地称其为"剧院式香炉"，意思是说它的繁华程度堪比剧院。由此可见当时的人们对于祭祀活动的重视与崇敬。

剧院式香炉分为上、下两部分：炉盖与底炉。人们把芳香树脂置于底炉中燃烧，香烟则通过炉盖上长长的烟囱散发到空气中。为了避免烟囱带来的美观影响，工匠们巧妙地以各种花鸟装饰物来遮蔽烟囱，以使整个香炉看上去富丽华美而毫无笨拙之感。香炉的炉盖上通常装饰有象征宇宙三重界的元素：上天、人间和阴间。最上面的羽状物象

剧院式香炉 A

公元1—650年

阿兹卡波扎尔科（Azcapotzalco）出土

征羽蛇神，代表上天；中间的人脸（可能是统治者的肖像），代表人世；底部则代表了阴间。

这种繁复的剧院式香炉由多个单独配件组合而成。工匠们需要先使用模具完成单独配件的制作，如花、鸟、蝴蝶等各种造型的配件；同时，工匠们还要用陶土制作好香炉的整体构架；然后再将事先做好的花、鸟、蝴蝶等配件粘在香炉的构架上。由于香炉上的配件过多，看上去繁花锦簇缤纷一片，后人便因此给它起了个很文艺的名字：剧院式香炉。

剧院式香炉 B

除了造型华丽的剧院式香炉外，也有一些"剧院效果"相对差一些的香炉，但相比于其他普通香炉来说，仍然足够绚烂。

这些香炉的造型很容易让人联想到中国清代满族女子的旗头。

旗头的出现是因为女人不断增长的爱美之心。原本，清初女子的头饰只是在头上插个簪、别朵花这种小家碧玉的美发方式，但女人们不满足，还想锦上添花再添花。于是，为了让头发的"面积"加大以便让更多的珠钗玉钿能够绽放在头上，人们发明了"旗头"——一种用细铁丝或细木条搭建而成的发架。女人们将头发（真发不多者常掺入假发）缠绕在发架上，然后把各种用来炫富的金钗银簪、翡翠珠玉统统缀饰其上，看上去就像是首饰铺中的一个琳琅满目的货架。鉴于旗头不仅可以满足女人的爱美之心，还能捎带着"晒"一下女人的身价，于是旗头变得越来越高、越来越大……幸好，承举旗头的是人的肉身颈椎，承受力有限，否则怕是也要搞成个"剧院式旗头"不可了。

这是一件典型的特奥蒂瓦坎风格的剧院式香炉。重点来看它巨大的炉盖部分：炉盖的中央是一只"奎兹鸟"（Quetzal）的头部雕塑。奎兹鸟也称"绿咬鹃"，是一种生活在中、南美洲地区的珍贵鸟类，其羽毛色泽明丽且带有金属光泽，是世界上最美丽的鸟类之一。因为绿咬鹃出类拔萃的颜值以及能够在热带雨林中自由飞翔等特点，它被古代墨西哥人奉为神圣之物，并认定它是羽蛇神的化身（羽蛇神奎兹尔科亚特的名字——"Quetzalcoatl"即由此而来）。在这件香炉中，"绿咬鹃"被放置在炉盖的中央位置，表明它是一件跟羽蛇神有关的礼器，可能被用于有关祈福求雨的祭祀活动中。

此香炉造型优美，做工精良，器表彩绘古韵雅致，是同类香炉中的上上品。

剧院式香炉C

✸ 神鸟宫

在特奥蒂瓦坎展厅的西侧有一排廊柱式建筑，如同展厅北侧的"羽蛇神金字塔（局部）"一样，这排廊柱建筑也是复制品，它复制自特奥蒂瓦坎古城遗址中的神鸟宫。

神鸟宫坐落于特奥蒂瓦坎亡灵大道西侧路旁，原本是一座宫殿建筑，当年可能是某位高级祭司的豪宅（也可能是一座神殿）。取名"神鸟宫"是因为宫殿的廊柱上雕刻有极为精美的绿咬鹃图案，反映出当时的人们对羽蛇神的极度崇拜。另外，这座庞大的宫殿遗迹，也让我们看到了特奥蒂瓦坎时期的建筑形制与风格。

参观特奥蒂瓦坎展厅总让人感到心情很沉重，因为这里的每一件文物几乎都与那个曾经的"活人祭"古城有关，都曾沾满了牺牲者的鲜血。尽管这些文物展现了古代墨西哥人在天文、数学、建筑、艺术等众多领域中的非凡智慧与技艺，但"鲜血淋淋"的阴影总是挥之不去，令人抑郁。

特奥蒂瓦坎在辉煌了五六百年之后，约在公元700年突然消亡，留下一座谜一样的城市任由后人去猜想……

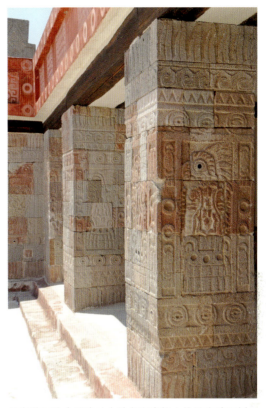

特奥蒂瓦坎古城遗址中神鸟宫廊柱上的绿咬鹃石刻

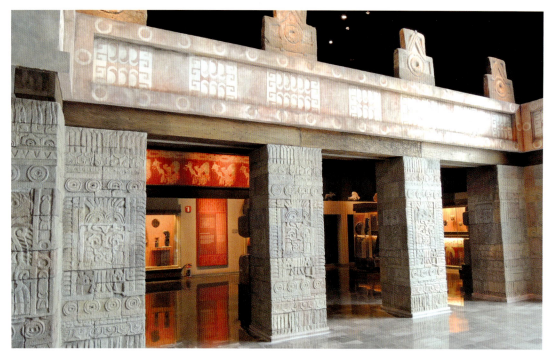

神鸟宫局部（复制）

特奥蒂瓦坎古城遗址中的神鸟宫遗迹

四、托尔特克人和他们的时代

既"文"又"武"的托尔特克文明

"

"托尔特克人和他们的时代"（下称"托尔特克"）展厅展示了墨西哥中部地区继特奥蒂瓦坎之后的又一个灿烂文明——托尔特克文明的众多历史遗物，其中包括"活人祭"仪式中剜取牺牲者心脏的"黑曜石刀"以及展现"活人祭"的石雕"查克穆尔（Chac Mool）"等珍贵遗存。托尔特克文明中既包含狂热的宗教文明也包含尚武的武士文明，是"文武"兼备的一种新型文明。走进托尔特克展厅，感受托尔特克文明既"文"又"武"的独特魅力。

✾ 托尔特克文明的诞生

公元700年前后特奥蒂瓦坎神秘消亡后，墨西哥中部高原的宗教中心、政治中心以及经济中心便长期处于一种真空状态。这期间尽管也有一些大大小小的部落相继兴起，但终未有哪一个部落能够一统江湖。直到公元900年，一个名为托尔特克的民族在墨西哥中部地区的图拉（Tula）崛起并在这里建立起一个强大的王国后，才使中部地区一盘散沙的局面得以改善，使社会格局步入了一个新时代。

托尔特克人原本是居住在托兰（Tollan，毗邻图拉）城的一群有智慧、有教养的人（"托尔特克"，原义为"有文化、有教养的人"）。特奥蒂瓦坎分崩离析后，原居住在特奥蒂瓦坎的居民流散到了各地，其中一些人来到了群山环抱的山城图拉，且前前后后来到图拉的还有墨西哥北部的狩猎民族齐齐美加族以及扩张地盘至此的托尔特克族，因此，图拉实际上是一个由多民族组成的混合聚居区。在随后的发展中，这些不同民族的文化交汇融合，进而发展出了一个新文明——托尔特克文明。托尔特克文明中既包含托尔特克人"有教养、有智慧"的都市文明基因，也包含来自齐齐美加人的武士战斗基因。这些既"文"又"武"的融合基因反映在他们所制作的器物上，便是既有像雨神陶壶、金刚鹦鹉鸟这样一类带有强烈宗教色彩的作品，也有像托尔特克战士这种体现了武士精神的佳作，更有像"战士像"这样一类将宗教与战争合为一体的传世杰作。

金刚鹦鹉头像石雕

公元650—900年

玄武岩、琥珀等

这件金刚鹦鹉头像石雕，其亮点在于作者巧妙地将金刚鹦鹉鸟的头像以具象加抽象的几何形态表现了出来。这种虚实对比的设计手法或体现了作者想要表达"白天与黑夜"力量抗衡的隐喻。考古人员曾在霍奇卡尔科（Xochicalco）东部球场的一个球赛标记上发现了这种金刚鹦鹉的浅浮雕。而球赛作为一种宗教仪式，它象征了白天与黑夜的对抗——球赛中输球的一方被视作黑夜，其球员全部被作为牺牲献祭给神灵。

在古代墨西哥人眼里金刚鹦鹉是与太阳、火以及天空有着密切关系的鸟类，它身披红、黄、蓝色的羽毛在天空中自由自在地飞翔，俨然就是某种神灵的化身。金刚鹦鹉头像反映了宗教对于托尔特克人的影响。

托尔特克战士陶塑

雨神陶罐

雨神陶壶

雨神的祭司像陶偶

高约20厘米

托尔特克人信仰特拉洛克雨神，他们制作了大量带有特拉洛克形象的陶器，如"雨神陶壶"等，并将它们供奉在山顶或岩洞中以期能够求得雨水来滋润大地。在托尔特克展厅中陈列有很多这类呆萌可爱的雨神陶器。

雨神特拉洛克在托尔特克时代备受尊崇。表现为当时奉祀它的祭司们不仅以它的名字为名，还佩戴有它的头像面具。"雨神的祭司像"所表现的就是这样一位戴有特拉洛克面具的祭司的形象，在图拉地区有很多类似的小陶偶出土，看上去颇有几分中国京剧或川剧脸谱的画风。

小知识

需要注意的是，雨神特拉洛克与羽蛇神奎兹尔科亚特不是同一位神灵。雨神特拉洛克是奥尔梅克时期的主神，而羽蛇神奎兹尔科亚特是特奥蒂瓦坎时期的主神，两者产生于不同的时期，但有些时候它们处于平行关系，比如特奥蒂瓦坎时期就既有羽蛇神又有雨神。

战士像石雕

公元900—1200年

　　托尔特克展厅留给人印象最深刻的是那些高高大大的战士像石雕。这些高大的石雕原本是用于支撑图拉城主神殿入口处屋顶的一些大石柱，它们高达4米有余。这些雕像展现了托尔特克雕塑家对于细节部位的处理艺术以及他们所要表达的武士精神。在这件战士像中，"战士"的头上戴有高高的头饰，耳朵上戴有方形耳饰，胸前装饰有象征蝴蝶的扁平状胸饰。在托尔特克人眼里蝴蝶是一种灵物，用在这里喻意这位"战士"拥有了某种神性。"战士"的眼睛以黑曜石装饰，指甲与脚趾以贝壳装饰。此外，在"战士"身后所背的圆盘上以及所穿的鞋上都装饰有羽毛图案，说明这是一位羽蛇神神化了的"战士"，他的手上还握有代表武器的刀和镖。

　　战士像既是神殿入口处威严的顶梁柱，也是图拉都城的象征，体现了托尔特克文明中宗教与战争密不可分的关系。

战士像石雕

狼形头盔

公元900—1200年

　　这件别致的"狼形头盔"是托尔特克展厅的镇厅之宝。先不说它的制作材料，单看它的这个奇异造型就足够吸睛了：一张人脸正从狼的嘴里露出来。这种人脸从动物嘴中露出来的造型自早期的奥尔梅克文明时期就已经存在，后期也曾出现在玛雅文明中，其具体寓意目前尚不得知。有观点认为其露出的"人脸"是羽蛇神，也有观点认为是托尔特克战士，未有定论。这件狼形头盔曾被作为祭品摆放在图拉城神殿的祭坛上。

　　仔细看这张从狼嘴里露出来的"人脸"：带有个性的小胡须、洁白的牙齿、整齐的刘海、坚挺的鼻梁、炯炯有神的圆眼，如果是个真人，他一定是位气宇非凡的人。而如此逼真的一张脸竟是用陶瓷片、珍珠母片等镶嵌而成，其中胡须、头发以鲍鱼壳制作，眼睛以黑曜石制作，牙齿以骨头刻画而成。这对于不使用金属工具的古代中美洲先民来说，其难度之大可想而知。也正因如此，这件"狼形头盔"无论从设计角度还是制作角度都是那一时代的杰作，它因此被陈列在展厅中最显眼的独立展柜中。走过路过千万别错过——它很小，只有14厘米高。

黑曜石刀

在祭祀仪式中，黑曜石刀被祭司用来剜取牺牲者们的心脏。

黑曜石是一种常见的火山矿物，成分主要为二氧化硅类物质，是火山喷发时的副产物，被称为"火山的黑色眼泪"。从矿物学的角度看，其本质更接近于一种天然的火山玻璃。由于其硬度较高且碎裂后的断面非常锋利，人们便利用它的这一特性制作了石刀等工具。

黑曜石，现为墨西哥国石。

❁ 查克穆尔石像和"活人祭"

查克穆尔由法裔美国探险家奥古斯都·勒·普隆根（Augustus Le Plongeon）首先发现并命名。

勒·普隆根在奇琴伊察（Chichen Itza，墨西哥地名）时看到一尊形态独特的石像，他坚信它就是玛雅前统治者的塑像，并且用这位统治者的名字命名了它。之后，"查克穆尔"被用作中美洲境内所有这种呈半躺仰卧状、双肘撑地、双手在腹部捧托一个圆盘、双腿弯曲、头向左或向右扭转90度的同类石像的统称，是这类雕像形态的一个专有名词（专业术语）。截至目前，在墨西哥的图拉、奇琴伊察、特拉斯卡拉（Tlaxcala）

等地已发现查克穆尔共计25尊。

在随后的发展过程中，查克穆尔人物所呈现的姿势略有改变。

查克穆尔象征着战死的战士，他们此时已经具有了神性，是神和人之间的使者，他们将人间的供品（祭祀物）传递给天神。

查克穆尔是托尔特克文明特有的一种雕像形态，最初产生于墨西哥中部的托尔特克文明区。约公元1000年前后，查克穆尔由墨西哥中部传至东南部的尤卡坦（Yucatán）半岛（奇琴伊察）并在那里兴盛起来。在墨馆的玛雅展厅就陈列有来自奇琴伊察的查克穆尔。

查克穆尔石像

公元900—1250年
特拉斯卡拉出土

　　如果不看查克穆尔下面的铭牌，它看上去也就只是一件普通的石雕。石雕中，主人公的腹部放有一个圆盘，其头侧歪，呈半躺仰卧状。仔细看它的铭牌，天哪！太吓人了——这是一个在"活人祭"仪式中盛放牺牲者心脏或者其他祭祀物的祭台，主人公肚子上的那个圆盘就是用来盛放死者心脏或者祭物的。

来自奇琴伊察的查克穆尔

在托尔特克时代之前，"活人祭"中的牺牲主要是本族人，他们自愿将自己奉献给神灵。而到了托尔特克时代，由于齐齐美加人天生好战并因此在战争中俘获了大批敌人，于是，他们把战俘作为祭祀仪式中的牺牲祭献给了神灵。有研究人员根据查克穆尔手、脚上的带状物猜测，一些查克穆尔所表现的可能是被捆绑着的俘虏，他们手中的托盘盛放的是他们将要被献祭的心脏。

❁ 图拉及托尔特克文明的没落

托尔特克人的都城图拉在约公元900—1200年间曾是墨西哥中部高原的政治、文化中心，托尔特克文明在此产生、发展并辐射到了墨西哥东南部的尤卡坦半岛、墨西哥湾沿岸以及中美洲的萨尔瓦多、危地马拉等地区。这些地区都相继发现了带有托尔特克建筑风格的古城遗迹。

大约在公元1150—1200年间，图拉城不明原因地遭到毁坏或被遗弃。古环境研究表明，这一地区当时可能遭受到了连年的干旱从而导致居民弃城而去。也有考古学家发现了整座城市有发生火灾和被洗劫的迹象。另外，考古发掘还发现了图拉城内有来自墨西卡的器物，如陶器、火盆等，因此猜测图拉的没落也可能是外族入侵导致。

五、墨西卡和阿兹特克文明

阿兹特克帝国的都城特诺奇蒂特兰城

　　托尔特克文明在经历了约300年的成长、发展、辉煌后走向了衰落，取而代之的是阿兹特克文明。

　　考古学家在托尔特克王国的都城图拉发现了墨西卡人的陶罐、火盆等器物，据此猜测托尔特克王国的灭亡可能与墨西卡人的入侵有关。

　　墨西卡人是谁？他们与阿兹特克人有什么关系？阿兹特克文明为什么是美洲三大文明之一？

　　墨西卡展厅是墨馆最具重量级的展厅，这里陈列着现代墨西哥人的祖先——阿兹特克人以及阿兹特克文明中最珍贵的历史遗物，墨馆数一数二的镇馆之宝——太阳历石和大地之母雕像都展示在这间展厅里，并且其他一些体现了墨西哥历史、文化以及民族性格的文物也都展陈于此。在墨馆的22间展厅中，唯有墨西卡展厅被设计在了博物馆的中轴线上，且也只有墨西卡展厅享有了通体两层楼的高大空间（其他展厅都只有一层楼的空间）。由此可见，墨西卡展厅在整个墨馆中无可替代的重要地位。

　　走进墨西卡展厅，探秘阿兹特克文明的前世今生。

墨西卡展厅

✿ 墨西卡，阿兹特克文明的摇篮

　　现代墨西哥人的祖先阿兹特克人原本是生活在墨西哥北部阿兹特兰（Aztlan）的一个狩猎民族，阿兹特克之名由此而来。阿兹特克人说纳瓦特语。在纳瓦特语中，Aztlan 意为"白色之地"。

　　阿兹特克人有着强烈的宗教情感，有着自成体系的宗教信仰。他们有自己的太阳神威齐洛波契特里（Huitzilopochtli）、狩猎神米什科阿特利（Mixcoatl）、雨神特拉洛克等。传说由于生存环境太过恶劣，阿兹特克人的祖先曾向神请求赐予他们一

个美丽富饶的安居之地，之后，阿兹特克人得到神谕**"在神鹰衔蛇并有仙人掌的地方即是安居之地"**。于是，阿兹特克人离开了先辈居住的蛮荒之地阿兹特兰，开启了"心中有信仰，脚下有力量"的寻找第二故乡的漫漫长路。

　　公元12世纪，一直满世界寻找第二故乡的阿兹特克人来到了墨西哥中部谷地的特奥蒂瓦坎，他们被眼前这座雄伟壮丽、规模宏大的城池所震惊（当时已是废弃之城），他们惊叹道："特奥蒂瓦坎！"于是，这座在

建在特斯科科湖上的特诺奇蒂特兰城

公元前100年—公元700年间中美洲地区最繁华的大都市就这样被一群外乡人叫成了**"特奥蒂瓦坎"**，并一直传名至今。

之后，阿兹特克人又寻寻觅觅来到了中部地区的图拉城，而图拉这时已是兴旺了约300年的托尔特克王国的首都。自古一山难容二虎，一个是一方霸主的托尔特克人，一个是彪悍勇武的狩猎民族阿兹特克人，两雄相争必有一败（是否真有一战目前尚不可知）。结果是：公元1150—1200年间，托尔特克人不明原因地淡出了历史舞台，传说是阿兹特克人打败了托尔特克人，因为考古学家在图拉发现了墨西卡人（即阿兹特克人）留下的陶罐和火盆等物品，由此猜测是墨西卡人入侵了图拉、打败了托尔特克人，但目前尚无确定的考古证据支持这一说法。

再后来，阿兹特克人怀揣着神谕又找找寻寻地走过了一个多世纪，终于在14世纪初，在墨西哥中部谷地墨西卡的特斯科科（Texcoco）湖的湖心岛上看到了"一只叼着蛇的神鹰停歇在仙人掌上"。于是，他们就此结束了自墨西哥北部出发的漫长迁徙之路，在这座湖中岛上建城、安居、繁衍子孙，并自称是墨西卡人。现代墨西哥"Mexico"之名就是因墨西卡"Mexica"而来。

阿兹特克人在特斯科科湖的湖心岛上填土造田，修堤筑路，逐渐将这座湖中岛建设成了一个集宗教、商贸、防御、居住为一体的多功能城市，并将它命名为**"特诺奇蒂特兰（Tenochtitlan）"**。

据考证特诺奇蒂特兰城建于公元1325年。之后，特诺奇蒂特兰城发展为墨西哥城，即今日墨西哥的首都，此为后话。

特诺奇蒂特兰城商贸中心模拟缩微景观

特诺奇蒂特兰城商贸中心模拟缩微景观（局部）

墨西卡展厅中有展示阿兹特克时期特诺奇蒂特兰城商贸中心的模拟缩微景观。当时这里是一个可以同时容纳6万人进行交易的超大集贸市场，它被比作是美洲的"清明上河图"。

在防御方面，阿兹特克人修建了湖心岛与岸边陆地相连接的宽阔大道。这些大道上都建有吊桥，白天放下吊桥可供车马人行，晚上收起吊桥可起到防御外敌入侵的作用。

在生活方面，由于城内水系发达，阿兹特克人在此捕鱼摸虾、种植作物，好一派鱼米之乡、人间天堂的绝美景象。

在宗教方面，阿兹特克人在特诺奇蒂特兰城的中心，也即原来湖心岛岛心的位置修建起了一座高大雄伟的大神殿，使这里成为全城的信仰中心。

阿兹特克人经过漫长岁月的艰苦历程，从墨西哥北部迁徙到中部，在这个过程中他们不断接纳、吸收所到之处遇到的各种文明与文化，并将它们与自己的文明、文化相融合，最终发展出了一个具有独特宇宙观、世界观的伟大文明，成为与玛雅文明、印加文明齐名的美洲古代三大文明之一。

1521年，西班牙人入侵了特诺奇蒂特兰城，并将城内之物尽数毁坏。之后，西班牙人在旧城的废墟上建立起一座新城——墨西哥城，并传播天主教信仰。阿兹特克文明就此落幕。

令人毛骨悚然的"活人祭"遗物

特诺奇蒂特兰城中心广场模型

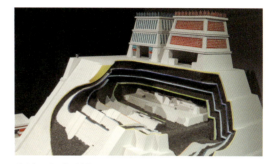

大神殿主建筑模型

宗教在阿兹特克人的生活中占有非常重要的地位，甚至可以说阿兹特克人就是为了信仰而生、而活着。他们为此在特诺奇蒂特兰城的中心建造了史诗般恢弘的大神殿，并每天举行盛大的祭祀活动。不过，阿兹特克人所建造的这座宏伟的大神殿却是非常的与众不同，除了塔身（基坛）承续了特奥蒂瓦坎时期阶梯金字塔的造型风格外，它的塔顶上建有两座神殿，分别是太阳神殿和雨神殿。这种在同一基坛上分别修建供奉两位不

同神灵殿堂的宗教建筑还是比较鲜见的。

阿兹特克人的宗教观、世界观在他们走南闯北的迁徙岁月中曾受到过多个外族部落的影响，其中以托尔特克人的影响最大。如：阿兹特克人原本信奉的太阳神是威齐洛波契特里，在接触了托尔特克人的宗教体系后，托尔特克人信仰的太阳神托纳提乌就被阿兹特克人接纳了过来，成了阿兹特克人的太阳神。于是阿兹特克人信仰的太阳神就变成了有时是威齐洛波契特里，有时是托纳提

乌（后续文中出现两者混用时，非辰馆疏忽，而是阿兹特克人本身就两者混用）。另外，在托尔特克人的都城、图拉的大神殿的壁画上，一些关于美洲豹或老鹰吞噬人类心脏的画面对阿兹特克人也产生了深重的影响。阿兹特克人相信要想维护宇宙的正常运转，就必须给太阳神祭献活人的心脏，因为这些画面正是太阳神向人类索取心脏以补充能量的一种提示。阿兹特克人不仅继承了这一嗜血的祭祀礼仪，还将它发挥到了更加疯狂的境地：在庆祝特诺奇蒂特兰城大神殿落成以及祭祀太阳神和雨神的盛大祭祀仪式中，一次就剜取了2万名活人的心脏敬献给了神灵。在墨西卡展厅中就展示有多件阿兹特克人当年举行"活人祭"祭祀仪式时所使用过的遗物。

这件正对墨西卡展厅入口处摆放的看上去像美洲豹造型的 Ocelocuauhxicalli 石刻，其背部的那个直径长达64厘米、深度达24厘米的凹洞就是在"活人祭"仪式中用来盛放被献祭活人心脏的容器。（辰馆在此参观时曾看到一些观众纷纷与它合影，想必是不知道这上面曾堆积过无数活人的心脏吧，想想都瘆人。）

Ocelocuauhxicalli* 石刻

公元1200—1520年
玄武岩
特诺奇蒂特兰出土

*意为"神兽"。

促使阿兹特克人狂热进行"活人祭"献祭仪式的另一个重要原因是阿兹特克人的宇宙观。

阿兹特克人认为宇宙世界曾经经历过四次毁灭与再生，且每一次毁灭都伴随着一个太阳的消亡，而他们现在正生活在第五个太阳的宇宙世界中。神谕启示，第五个太阳将会因地震而消亡。由于墨西哥地处火山地带，常年大震小震不断，因此每一次地震的发生都会被阿兹特克人认为是世界末日的来临，是太阳离去的最后时刻。于是，阿兹特克人不断地扩大献祭的规模，以求用更多的活人心脏来讨好太阳神。

不断增加的献祭人数导致了作为牺牲源的阿兹特克人的人源饥荒，他们不得不把目光投向了一众附属国。之后，他们从附属国那里得到了献祭牺牲的补充，满足了祭祀的需要。但这种以夺取活人性命为前提的祭祀方式注定不会长久。随着时间的流逝，附属国能够提供牺牲的人数越来越少，甚至连农耕的劳动力都出现了匮乏。何去何从？阿兹特克人陷入了困惑中。但有一点他们是非常坚定的：必须保证每日提供给太阳神活人心脏，否则太阳神走了，世界毁灭了，还要人和耕地有什么用？阿兹特克人执着地这样想。

后来，阿兹特克人想到了通过战争获取俘虏、再以俘虏充作献祭牺牲的办法。于是，阿兹特克人向周边各国发出战争通告，并说明了开战原因。周边各国听说原因后纷纷表示支持。于是一场为了获取"牺牲"而爆发的战争就这样做戏般地开打了，并且还出现了人人争当俘虏、个个踊跃上祭台的感人场面。最不可思议的是当这些俘虏被剜取心脏时，他们都是发自内心地感到自豪与荣耀。甚至有一位外族的大将被俘后，很多人出于对他的敬仰和对其才华的惋惜而为其求情免于一死，结果却被这位慷慨赴死的大将毫不犹豫地拒绝了，能为神献身使他感到莫大荣耀，是倍觉荣光之事。这一感人事迹随后被传为佳话。

对于阿兹特克人来说，无论是作为献祭的牺牲还是献祭的执行者祭司，"活人祭"都不是一种残暴行为，而是一个崇高且神圣的宗教仪式。

Tizoc 之石

公元1200—1520年
安山岩
高94厘米；直径265厘米
特诺奇蒂特兰出土

　　墨西卡展厅中的这件Tizoc之石（又译"提佐克之石"。提佐克，人名）就是一件与"战俘、活人祭"有关的历史遗物。这件巨大的圆石墩的表面是一个代表太阳的图案，圆墩周圈刻画了15幅作战场景的画面，圆墩的中心有一个凹洞，凹洞与一条直通圆柱边缘的沟槽相连。在战争中捕获来的俘虏被放置在这个圆墩上，然后在凹洞处被剜出心脏，血水则顺着沟槽流出圆墩外被收集起来。

特诺奇蒂特兰大神殿遗址

✿ 特诺奇蒂特兰大神殿的献祭仪式

    这个看上去像是一处废弃建筑工地的大废墟，就是14世纪阿兹特克帝国的首都特诺奇蒂特兰城城中心大神殿的遗址。这里现在也是墨西哥首都墨西哥城城中心中央广场的位置，大神殿遗址就在中央广场的西北侧。在当今时代，能够在国家的心脏位置保留如此大的一片废墟遗址，可见其意义之重大。

    昔日的大神殿是阿兹特克帝国的信仰中心，这里每天都要举行祭祀太阳神与雨神的献祭仪式。祭祀当天，那些将要成为祭品的人经常是从神殿（金字塔）的脚下一直绵延到大路边。而无论是主持"活人祭"的祭司还是作为牺牲的活人，都因心怀对神的无比敬仰而没有丝毫的恐惧与胆怯。

    仪式开始时，这些活人被带上高高的金字塔神殿前，他们的身体被搭放在一个长条石凳上，就像是马鞍搭放在马背上的样子，为的是保证心脏部位突出而便于祭司剜取。被剜取了心脏的牺牲们随后被踢下高高的石阶，石阶下面有专人处理他们的遗体。这些血腥残暴的场景至今仍可以在一些神殿的壁画中看到。

    1521年，西班牙人侵入特诺奇蒂特兰城，暴力摧毁了大神殿及阿兹特克帝国，正处于巅峰期的阿兹特克文明也因此戛然而止。

    走在大神殿遗址的废墟中，不经意间瞥见几棵从残垣断壁中钻出来的仙人掌，它在这黑灰一片的碎石瓦砾中显得格外抢眼，不知是当时的阿兹特克人所栽种还是后人所为。在废墟中看到这样极富生命力的绿色植物，不由得让人心生感动。

大神殿遗址上展示的大神殿复原模型

挂满献祭者骷髅头的神坛残壁

　　牺牲们被砍掉头颅后，其头颅被悬挂在祭坛的墙壁上，这些挂满了献祭者骷髅头的神坛残壁如今依然保留在大神殿遗址中。除此之外，类似的挂着骷髅头的历史遗迹在墨西哥其他一些重要的有关印第安文明的博物馆、美术馆中也都有展现。

净手池

　　这个圆池据说是当年祭司们处理完牺牲遗体后用来净手的水池。但是现在，它似乎是被一些游客当成了"许愿池"，里面三三两两地散落着各种硬币。而在遗址内另一处圆池状的遗迹中也散落有一些硬币，为此官方特别在它的上方贴出了告示："请勿向内掷币，以免破坏文物。"（呃！许愿不挑地方的吗？）

被肢解了的月亮女神

Coyolxauhqui，是阿兹特克神话故事中的月亮女神，译作"柯约莎克"。

柯约莎克头像石雕在墨西卡展厅中的位置并不那么显眼，或许是展厅中需要摆放在重要位置的重量级文物太多的缘故。

在阿兹特克神话故事中，月亮女神柯约莎克因为想要杀死意外怀孕的母亲大地女神而被弟弟战神（太阳神）一刀砍掉头颅并肢解了尸体。阿兹特克人根据这则神话故事制作了一个巨大的圆形浮雕石板，石板上刻画了月亮女神被肢解后的样子。传说这块月亮女神石板曾放置在大神殿的祭台前，每一个被献祭后的牺牲者都会从它的上面滚落下去，寓意牺牲者得到月亮女神的护佑而往生天堂。

这块月亮女神石板和我们要说的柯约莎克头像（下称"月亮女神头像"）有着非同寻常的关系，或者更准确地说它和墨西卡展厅里的众多文物都有着非同寻常的关系。

月亮女神石板

✿ 月亮女神石板

　　一块描绘了月亮女神被肢解的石板，竟成为后人揭开阿兹特克帝国都城之谜的重要线索。

　　1978年，电力公司的工人在今墨西哥城中央广场区域铺设电缆时，意外地发现了一块重约10吨且带有石刻的大石板。经鉴定这块大石板是阿兹特克文明的重要遗物，其石刻内容描绘了阿兹特克神话中月亮女神被肢解的故事，而它则正是本文前面所说的那块曾放在大神殿祭台前的"月亮女神石板"。

　　消息传到有关部门后，有关部门马上组织了相关的考古专家以及考古队对该区域进行考古发掘。之后，确认了这一地区为重要的历史遗址。又经过深入发掘后，令人意想不到的结果出现了——这里竟是历史上阿兹特克人的大神殿所在地，也就是那个曾经一次以2万人的鲜活心脏祭献给神灵的"活人祭"的原始现场。

　　这个意外的发现让考古学家们激动不已。随着发掘工作的进一步展开，一座被埋藏于地下几个世纪、曾经的阿兹特克帝国的首都——特诺奇蒂特兰城遗址惊现于世……

随着一批又一批阿兹特克文明遗物的相继出土，这些遗物被分别送往了墨西哥国家人类学博物馆以及大神殿博物馆中进行展陈与保管。其中月亮女神石板被送到了大神殿博物馆，现在它是大神殿博物馆的镇馆之宝。同样，墨馆墨西卡展厅中的很多阿兹特克文明遗物也都来自特诺奇蒂特兰城遗址的考古成果。因此说，月亮女神石板对于墨西卡展厅中众多的阿兹特克文明遗物的意义非同寻常。

了解了月亮女神的生平故事，再来看墨西卡展厅中的这尊月亮女神头像。

通过这尊头像，我们看到了阿兹特克人心目中月亮女神的样貌：她拥有一张如满月般圆圆的脸庞，尽管是因遭受暴力而死，但她却显得那么的安详。她的微笑中透着些许冷漠，她下垂的眼睑或暗喻了她内心的血腥与冷酷。

柯约莎克头像石雕

公元 1200—1520 年

闪长岩

柯约莎克头像刻画了月亮女神被战神砍头后断头的样子：她低垂着眼睑，嘴角下牵，意味着她已经死去；额头上带有羽毛的圆圈显示了她高贵的身份；左右脸颊上分别以三个铃铛进行装饰，最上面的一个是金色十字形，最下面的一个是钟形，这些铃铛可能分别象征着战争与死亡等。

✿ 阿兹特克神话为什么要塑造一个被肢解的月亮女神形象？

由阿兹特克人的月亮女神联想到世界各地古老神话中的月亮女神，你会发现各地的月亮女神都带有自己民族传统文化的烙印。譬如，对于农耕民族的中国人来说，由于所处生存环境相对良好，因此民族性格比较温和，故而中国先民们所构想出来的月亮女神嫦娥不仅拥有温婉美丽的外表，还心怀对家庭团圆的期盼，更带给人们飞天的浪漫遐想。嫦娥，体现了中国传统文化中的女性观，表达了中国先民对女子心灵、形象、家庭等方面的期冀与愿景。而反观阿兹特克民族的生存环境则不然，热带雨林中猛兽出没频繁，弱肉强食随时上演，先民们时时处处都处于生死存亡的攸关境地，他们必须要有敢打、敢杀、敢拼命的血性才能让自己处于丛林法则中食物链的上端。因此，阿兹特克民族的先民们所构想出来的月亮女神就必然带有挥刀就砍的果敢性格，她的整体形象也不可能是纤弱温婉的淑女型。也或者阿兹特克的先民们就是想通过这样的神话故事、神仙形象来告诉后人："热带雨林中，厮杀、肢解是生活常态，倘若你不能撕碎对手，对手就会肢解你。"

一方水土育一方人，神话故事也不例外。

歌舞之神休奇皮里

墨馆中最美丽、最精致的一件石雕就是歌舞之神休奇皮里（Xochipilli）石像。

因为，无论你是在墨西哥的博物馆，还是在墨西哥各地的旅行中，凡是你所见到的阿兹特克神（各种神），几乎都是面目狰狞、张着血盆大口一副要吃人的凶煞模样（实际上它们也就是在不断地吃人、吞噬鲜活的人心），而休奇皮里却是众多阿兹特克"凶"神中少有的亲善之神。

休奇皮里，在纳瓦特语中是"花神"之意，是阿兹特克神话中掌管音乐、舞蹈、戏剧以及植物花卉与生育的神。它亲和、友善且打扮入时，经常穿金戴银，一派时尚先驱的范儿。

休奇皮里石雕
公元1200—1520 年
安山岩

石雕中的休奇皮里正悠闲地坐在一个饰满鲜花和蝴蝶的宝座上，它仰着头正在忘情地歌唱，那样子似乎正陶醉在自己美妙的歌声里。尽管它的脸上戴着面具，但人们仍能感觉到它快乐的情绪。它的耳朵上挂着两个大大的很夸张的耳环（艺术家嘛，范儿必须要足）；它的一只手摇动着手鼓，另一只手握着一棵植物（手握之物已失），代表着生命力；两条腿随意地交叉在脚踝上。这些细节暗示了它掌管音乐、舞蹈以及生育的神力。

休奇皮里石雕（侧面）

休奇皮里全身遍布了香草与曼陀罗等植物纹饰。它的手臂上戴着饰有美洲豹纹饰的金臂钏和金手镯。从侧面看，作为舞蹈大神它还是蛮称职的，腰板儿拔得笔直，肢体足够柔韧，只是看上去气质差了点儿。

如果我告诉你休奇皮里是墨馆馆藏石刻雕像中最精致、最美丽的一件，你可能觉得有些不以为然：就凭这纹饰？这工艺？

是的，如果将这件石雕拿去跟其他同时代的文明遗存类比，它可能会略显粗糙。但是——可是——你要知道阿兹特克艺术家在不使用金属器具的条件下能够雕凿出如此精致、美丽、繁复的石雕作品，真的是太了不起了！并且整件作品中人体线条精准流畅，细腻生动，造型优美，堪称阿兹特克石雕艺术的典范之作。

休奇皮里石雕（背面）

休奇皮里的头上戴着美丽的羽毛头饰。整个头饰从头顶一直延伸到肩背。从背部的头饰上，可见其中装饰着以四个圆环为一组的吊坠，这些圆环代表了太阳的光芒。另外一组四条竖道的纹饰则代表着四个不同方向的旗杆，暗示了休奇皮里的神力像太阳的光芒一样护佑四方。

看着眼前这尊休奇皮里雕像，不由得想起了印度新德里国家博物馆的镇馆之宝——舞王湿婆青铜像。印度人、印第安人都是对信仰高度崇敬的民族，他们每年、每月甚至是每天都会举行各种大大小小的宗教活动。在宗教活动中，人们为了取悦神灵而手舞足蹈地做出自认为最能表达心意的肢体动作去向神灵献媚，久而久之，便有了"舞蹈"的雏形。而世界各地原始舞蹈的最初形态大多来自宗教活动。

正因为上述原因，宗教活动盛行的地方，人们的舞蹈基因就特别的强大，他们对舞蹈的热爱可以说是骨子里带来的。印象特别深刻的是，在墨西哥城最繁华的商业街拉美大道上，毫不夸张地说，几乎道路两边建筑中的每一间商铺都时刻在向外发射着震耳欲聋的音符，整个空气都被躁动的、热烈的拉美音乐所点燃，而走在街上的墨西哥人则会时不时地随着音乐扭动几下，显示了墨西哥人与生俱来的音乐感和善舞天性。

即便是在非节日、非假期的日子，你仍然可以遇见身穿墨西哥民族服装的帅哥靓女们在闹市中翩翩起舞。这就是墨西哥人，骨子和血液里都流淌着舞动的基因。

镇馆之宝：大地女神雕像

"

　　科亚特丽库女神石像，是一件享誉世界的石雕艺术杰作，是墨馆的镇馆之宝之一，也是阿兹特克文明中最重要的文化遗存之一，当然也是美洲文明最珍贵的文化瑰宝之一。

　　科亚特丽库女神石像的珍贵不仅在于其繁复的雕刻与庞大的体积，更在于科亚特丽库女神在阿兹特克神话中的重要地位。

科亚特丽库女神石像

公元 1200—1520 年

安山岩

高 350 厘米、宽 130 厘米、厚 130 厘米

科亚特丽库女神是阿兹特克神话中一切生命的母亲，是众神与凡人之母，包括太阳神、月亮神等众神以及世间众生，她因此又被称作"大地女神"等。以科亚特丽库女神为原点，可以辐射出阿兹特克神话中众多的神祇。

与其他古代文明神话中的母亲神不同的是，这位科亚特丽库女神不仅生育了众生与万物，她还兼有吞噬一切生命与摧毁万物的双重性。因此，她也常常被描绘成一个以骷髅、人心、血液等为饰物装扮全身的恶魔女神形象。

传说科亚特丽库女神在生下了400个儿女之后，又意外地因一团羽毛而受孕。她的女儿月亮女神闻听后感觉受到了莫大的耻辱，便率领众兄弟姐妹前来杀死母亲。就在刀起欲落的一刹那，科亚特丽库女神肚子里的战神威齐洛波契特里（Huitzilopochtli）出生了，他挥刀砍下月亮女神的头并肢解了她（也即刚出生的弟弟战神杀死了姐姐月亮女神）。

还记得之前说过的阿兹特克人在神谕指引下找到"神鹰衔蛇并立于仙人掌"之地的故事吗？带领阿兹特克人找到安居之地的就是战神威齐洛波契特里。

怎么回事？战神威齐洛波契特里的名字好像和太阳神威齐洛波契特里的名字一模一样嘛！是的，没错，他俩是同一个神。在阿兹特克神话中太阳神也是战神，战神也是太阳神，他们都是特诺奇蒂特兰城的保护神。

1790年8月，科亚特丽库女神的巨石雕像被意外发现。作为阿兹特克文明的重要遗物，它被当局立即送往了位于总督府南面的皇家大学中进行保管与研究。墨西哥国家人类学博物馆建成后，它又被移至墨馆至今。

科亚特丽库女神石像因其独具特色的文化内涵、宗教影响力以及艺术表现力而成为世界最知名的石雕艺术杰作之一。

女神的头由两条头对着头的蛇盘踞而成。传说创世之初，女神被砍头献祭。她的头被砍断后，喷出来的鲜血凝聚成为两条巨蛇。蛇神信仰是中美洲文明中最基本的信仰，此处隐喻女神为大地之母。

女神裸露而下垂的乳房象征了她大地之母的身份。

以蛇交织而成的短裙。腰部是以两条蛇身系成的腰带，腰带中间装饰以人的头骨做的腰带结。

女神胸前以人的断手、心脏以及头骨串成的项链表现了她的贪婪、嗜血与残酷。同时也暗示了"活人祭"祭祀形式。

科亚特丽库女神石像

女神的脚是一双凶猛的美洲豹爪，暗喻其吞噬生灵的无情与残酷。

从科亚特丽库女神石像的背部可以更加清晰地看明白整座雕塑的结构：头、上部、腰、下部、足。不得不说，女神的体型真的是超赞！身短腿长，模特都比不了。

科亚特丽库女神
石像（背面）

镇馆之宝：太阳历石

太阳历石

公元1200年—1520年

玄武岩

直径358厘米；重24.5吨

"2012年12月21日是世界末日"，想必大家对这件事依然记忆犹新。而引爆这一事件的正是我们今天要说的这块太阳历石，它在2012年12月21日之前把全世界人吓了个半死，误以为"世界末日"将在那一天到来。如今，2012年12月21日已经过去，世界末日并没有到来。这究竟是怎么回事？

太阳历石到底说了什么？它为什么会引发"世界末日"的恐慌？

这事儿比较复杂，咱们先从阿兹特克人的世界观说起。

✿ 阿兹特克人的世界观

阿兹特克人的世界观（宇宙观）认为，截至他们所生活的时代，宇宙中有五个世界，其中四个世界已经灭亡，而现在的人们则是生活在第五个世界中。阿兹特克人认为每一个世界都有一个太阳，这个太阳为世界提供能量并照亮世界，一旦这个太阳失去了生命，这个世界也就随之毁灭了。因此，当第一个世界的太阳被美洲豹吞噬后，第一个世界便灭失了；之后的第二个世界、第三个世界、第四个世界，由于它们的太阳分别被飓风、火山熔岩、洪水所吞没，因此这三个世界也都不复存在了。而关于第五个世界，神预言说它的太阳将会被地震所毁灭。于是，阿兹特克人疯狂地给太阳神输送它最爱吃的活人心脏和人血，以保证太阳神能有足够的能量来抵御灾难、维持宇宙世界的正常运转。

✿ 阿兹特克人的历法

在世界各地的古老文明中，各民族都有自己独特的历法和纪年法，如中国的农历、印度的印度历等。同样，阿兹特克人也有自己的历法和纪年法。阿兹特克人使用两种纪年方法：1. 计有365天的长年历，2. 计有260天的短年历，且长年历与短年历每隔52年便会在共同的标记点上相遇一次，从而完成一轮循环，也即每52年一个循环周期。其计算方法如下：

长年历 =365天 × 52年 = 18980天

短年历 =260天 × 73年 = 18980天

也就是说每当长年历进行到第52年时，长、短年历就会在共同的标记点上重合。

阿兹特克人非常重视每一个循环周期最后的第52年。每当第52年来临时，他们总是惴惴不安，担心这是宇宙世界的最后一年。而每逢第52年的岁末与下一个新周期的元旦跨年之夜时，阿兹特克人总是将全城的灯火熄灭，然后静静地仰望星空——观看星夜的启示。如果星星在这个夜晚停止了运动，那就预示着新的一年不再来临，反之则平安无事。而事实上，星空中的行星根本就不可能停止运动的轨迹。于是，阿兹特克人便会在新年到来的第一天举行隆重的祭祀仪式，这也就意味着将有更多鲜活的生命被剜去心脏祭献给太阳神。

阿兹特克人把他们对宇宙世界的认识凿刻在了一块巨大的石盘上，它就是我们现在在墨西卡展厅中所看到的这块太阳历石。

① 石盘正中央（圆心）是太阳神托纳提乌的脸，它是主宰第五个世界的太阳。

② 太阳神的舌头以一把石刀的形态呈现，表示在向人类索取心脏。

③ 圆心外第一圈：太阳神用利爪紧紧抓住牺牲的心脏。

④ 圆心外第一圈：已经陨落的四个太阳围绕在第五个太阳托纳提乌的周围，依逆时针顺序（以"4"标线所指图案为起点）分别为：美洲豹的太阳、风的太阳、火的太阳、水的太阳。这些太阳自创世以来依次被美洲豹、飓风、火山、洪水所吞噬。

⑤ 圆心外第二圈：环圈计有20个方块图案，表示一个月有20天。阿兹特克长年历（也称"太阳历"）中有18个月，每月有20天，再加上5个非吉日与空白日，共计：18 × 20 + 5 =365天。这20个日子的名称与一些动植物、物体以及大气现象有关，如鳄鱼、蜥蜴、蛇、鹿、兔子、狗、猴子、美洲豹、鹰、秃鹫、花、草、风、水、雨、房子、刀、运动等。

⑥ 圆心外第三圈：由一圈小正方形组成，每个正方形内包含有一个中心圆点和四角上各一个的凸点，这个看上去像梅花的图案可能代表了金星、火、宝石的象形符号。

⑦ 圆心外第四圈：周圈以羽毛图案做装饰。

⑧ 太阳的光芒。

⑨ 圆心外第五圈：宝石装饰。

太阳历石盘面标注

⑩ 圆心外第五圈：飞溅的血液。

⑪ 圆心外第五圈：火焰装饰图案。

⑫ 圆心外第六圈：象征火的图案（火蛇神身上常见此图案）。

⑬ 敬献日期。以芦草和周边的13个双圆构成某种文字符号，表示日期。据考证，这个文字符号所表现的日期为：公元1479年，也即在这一年完成了石盘的制作，并把它敬献给了太阳神。

⑭ 花草、羽毛装饰物。

⑮—⑱ 图画文字，依次为：北方，东方，南方，西方。

⑲ 黑夜神，它的脸被遮挡了一半，表示黑夜。它的口中也伸出了石刀形的舌头，同样也表示在索取人类的心脏。

⑳ 太阳神。此画面展现了太阳神和黑夜神正在面对面地搏斗。太阳神的口中也伸出了石刀形舌头。

㉑ 火蛇神。意为太阳神与黑夜神披挂着火蛇神的衣装在战斗。

太阳历石最初的设计是一个水平放置的圆盘，其本意是想在上面举行一个仪式性的战斗，然后再将角斗士们作为牺牲献祭给太阳神，因此它的直径被设计得非常大，有近4米长。后来，人们又把它作为敬献给太阳神的纪念碑装饰在了首都特诺奇蒂特兰城大神殿的墙壁上。1521年，西班牙人侵占特诺奇蒂特兰城时砸毁了大神殿，而太阳历石却幸运地、神奇般地躲过了这一劫。1790年，太阳历石在现在的墨西哥城中央广场的地下被意外发现，随后它被藏在了广场大教堂的西塔下，直到1885年被转移到当时的国家博物馆。之后，1964年墨西哥国家人类学博物馆在查普特佩克公园落成后，它又被移至该馆至今。

太阳历石是阿兹特克文明的重要遗物，是阿兹特克民族伟大智慧的结晶，是墨馆首屈一指的重器，也是墨馆 No.1 级的镇馆之宝。

❀ "世界末日"的由来

从太阳历石的盘面来看，似乎并没有看到或明示或暗示的"世界末日"的内容。那么，"世界末日"一说由何而来？

还记得当时媒体所使用的标题吗？"玛雅人预言世界末日将在2012年……""玛雅人曾预言2012年是世界末日……"看，所有的标题用的都是"玛雅人……"，似乎这事儿跟阿兹特克人没什么关系。

事实上，"世界末日"这事儿确实跟阿兹特克人的关系不如跟玛雅人的关系那么直接。

玛雅历法：玛雅人所使用的历法与阿兹特克历法有相似之处。玛雅历法使用哈珀历（Haab）和卓金历（Tzolkin），两种历法分别以365天和260天为基数。因此，每当哈珀历运行52年（卓金历73年）时，两种历法也会像阿兹特克的两种历法一样相遇在同一个标记点上，由此完成一个52年的大周期。

问题是，当时间超过52年时，历法所表现的时间就会和前面已发生过的时间产生重复。以中国农历为例：中国农历中的天干与地支——甲、乙、丙、丁、戊、己、庚、辛、壬、癸（十天干）与子、丑、寅、卯、辰、巳、午、未、申、酉、戌、亥（十二地支），在经过60年的排列组合后：甲子年、乙丑年……癸亥年，最终又会从甲子年开始进入到下一个60年的循环中。那么，60年之前的甲子年和当下的甲子年以及60年之后的甲子年该如何在时间轴上体现（标记）出过去、现在、未来的三个"甲子"年呢？

同样，玛雅历中也存在着如何在时间轴上标记出每一个52年中的时间都是历史长河中唯一的一个时间点的问题。

为此，数学思维与运算能力极强的玛雅人又发明了"长纪年历"。长纪年历很好地解决了这个问题。

❀ 玛雅长纪年历法

玛雅长纪年历：通过五种计数单位来表示日期的历法。

举例简说玛雅长纪年历的计算原理：假设五种计数单位分别为A、B、C、D、E，玛雅人通过对这五种计数单位的不同表述，就可以准确标记出几千万年之内的每一天，如1A1B1C1D1E，1A2B2C2D2E……

玛雅人又通过此五种计数单位之间的换算，得出：一个长纪年历的周期 =5128.76年。（玛雅长纪年历较为复杂，不在此展开。你可以简单粗暴地理解为其中的运算逻辑是这样的：A=1天，B=20A，C=18B，D=20C……最终推算出一个长纪年历周期 =5128.76年）

玛雅人运用长纪年历能够精确计算出过去或未来数千万年中的每一个日期。其计算的最远日期约为6400万年后，而最早的日期起始于公元前3114年8月13日这一天。玛雅人从这一天开始追踪记录每一天的天体运行轨迹。

在玛雅人的历法中宇宙世界共有五个纪元。按照玛雅人的计算，宇宙世界的最后一个纪元开始于公元前3114年，依据玛雅历法推算，这一纪元将在2012年12月21日结束。

没毛病！按照玛雅历法推算第五个纪元将在2012年12月21日结束（公元前3114年8月13日 + 5128.76年 = 2012年12月21日）。但是，它并没有说地球要在这一天毁灭！结果却是，它被误传为是"世界末日"，致使整个世界卷入了一场巨大的乌龙闹剧中。

此外，还有一个物证可以说明2012年12月21日不是世界末日。因为在著名的玛雅文明帕伦克（Palenque）遗址中发现了一个长纪年历日期，换算成现代的时间是：4772年10月13日。这个日期至少说明玛雅人认为地球在4772年10月13日之前依然存在。那么之后呢？

4772年10月13日会是世界末日吗？

六、瓦哈卡的土著

美洲大山里的神像长着"中国脸"

瓦哈卡展厅主要展示了古代瓦哈卡地区一些土著文化的遗物，其中以萨巴特克（Zapoteca）和米斯特克（Mixtec）文化遗存最具代表性。该展厅也依此分为两部分：1. 萨巴特克人的重要历史遗物；2. 米斯特克人的艺术世界。

 瓦哈卡

瓦哈卡，在地理位置上位于现在的墨西哥城东南方向约500公里处，为海拔约1600米的高原山地。约12000年前，这里就已经有狩猎民族居住；约公元前2500年—公元900年，萨巴特克人在此定居；公元900年前后，萨巴特克人离去。之后，米斯特克人自瓦哈卡的北部和西部进入瓦哈卡并一直在这里生活。

在瓦哈卡众多高高低低的山峦中有两座不太高的小山：阿尔班山（Monte Alban）和米特拉山（Mitla），瓦哈卡文化的精髓主要产生于此。

⚜ 阿尔班山

　　阿尔班山不高，只有约400米高，如果严格按照山高的通行标准，它只能算是山丘。或许正是因为高度不高，萨巴特克族的贵族和祭司们选中了山顶作为萨巴特克族的宗教中心，他们将原本陡峭的山峰完全依靠人工平整成了一块面积足有60000平方米的平地（南北长300米，东西长200米），并在这块山顶平地上建起了神殿、祭坛、球场等宗教建筑。除此之外，在山顶上还建有贵族和祭司居住的宫殿区，平日里拥有高贵身份的贵族和祭司们就住在这高高的山顶上。尽管阿尔班山不算太高，但要将陡峭的山峰、山体夷为平地且还要将建筑石料运至山顶，其工程难度之大也不是常人能够想象的。辰馆在走访美洲安第斯文明时，曾到过现位于秘鲁境内的古印加帝国的首都库斯科（Cuzco）辖下的马丘比丘山（Machu Picchu）。在马丘比丘山的山顶上同样也建有神殿、祭坛以及贵族和祭司的居住区。其整个山顶的平面面积之大、建筑（遗迹）之宏伟，令人对古印加人"人定胜天"的伟大奇迹惊叹不已！

古印加文明马丘比丘山遗址

❀ 萨巴特克文化

阿尔班山是萨巴特克族人的圣地。人们不仅在这里修建了神殿、祭坛等宗教建筑，还修建了众多的帝王陵墓（皇陵多达150余座），考古学家们在此发掘出大量萨巴特克族与米斯特克族的珍宝（萨巴特克人离开后，米斯特克人在此居住）。墨馆瓦哈卡展厅中的很多文物就来自1931—1960年间阿尔班山的考古发现。

❀ 世界上造型最复杂的陶制神像

瓦哈卡文化遗存中有相当一部分是陶器，并且主要是作为明器使用的陶器，另外还有一些金银器以及墓室壁画等，总体上都属于明器性质。

瓦哈卡墓葬中的陶器与世界各地大多数古代文明丧葬文化中的陶器有所不同。大多数古代墓葬中的陶器主要用来表现墓主人的财富与地位，如谷物罐（象征充足的食物）、陶车马（象征富贵生活）、家丁家奴俑（象征社会地位）等，它们一方面反映了墓主人生前的富贵生活，另一方面也表达了人们对逝者在未来世界中的美好祝愿。而瓦哈卡

陶神像

高34.5厘米

小知识

明器： 多指陪葬器，在书写中常用作"冥器"的替代词。

墓葬中的陶器则明显偏重于精神层面，人们将造型繁复的陶制神像摆放在墓主人的身边，希望神灵能够陪伴逝者进入到下一个世界并在那里继续护佑逝者。在人们的心中唯有神灵的护佑才是对未来世界美好生活的保证，它远胜于谷物罐、车马宅田等实用之物。

瓦哈卡展厅中展有众多阿尔班山墓葬出

戴有美洲豹神头饰的陶神像
高47.3厘米

土的陶制神像（主要为萨巴特克文化遗物）。这些神像的造型极为复杂，它们通常由上、下两部分组成：上半部分为模仿某个神祇形象的头饰造型，如以羽蛇神、美洲豹神、鸟神等形象作为头饰的造型；下半部分是一张拟人化的"人脸"造型。据猜测，这些"人脸"可能是萨巴特克人所信奉的神灵的面容，也可能是当时帝王或大祭司的相貌。

瓦哈卡展厅中所展示的萨巴特克文化遗物大部分出自阿尔班山，也有一部分出自米特拉山，这是因为萨巴特克人离开阿尔班山后迁居到了米特拉山。虽然居住地发生了变化，但萨巴特克文化仍然秉承了前期的风格，因此在参观时需要注意铭牌上所标识的出土地点。

或许你从萨巴特克人所制作的陶神像中发现了一个有趣的现象：神像中的"人脸"和中国人（亚洲人）长得很像嘛！没错，确实很像。既然这些"人脸"是萨巴特克人按照自己心目中的神灵之貌或当时的帝王与祭司之相所做，说明萨巴特克人平时所见之人大多数都是这副模样。显然，这模样很接近亚洲人之相，由此再次印证了早期美洲印第安人中有亚裔的成分。

戴有鸟神头饰的陶神像
高36.8厘米

丰收之神陶神像由象征着
丰收之神形象的头饰与"人
脸"组成。这位丰收之神正右
手持笏（音同"户"，古时的
记事板），左手提着牺牲者的
首级。

丰收之神陶神像

高51厘米

这件象征着阔嘴鸟神的陶
神像出自阿尔班山墓葬。其上
半部分是阔嘴鸟头饰，下半部
分是鸟神或大祭司的容貌。阔
嘴鸟是瓦哈卡地区深受人们崇
敬的尊贵神鸟。

阔嘴鸟神陶神像

高81.5厘米

雨神陶像
公元前400年—公元200年
高43.3厘米

　　这尊雨神陶像原本是附在一个圆柱形的物体上，有可能是当时悬挂在神殿中的一尊祭祀用神像，它象征着雨神的化身。神像的中部是一张拟人化的脸，它的眼睛和牙齿都突出了雨神的特点。另外，这尊神像华丽的色彩展现了2000年前萨巴特克彩陶工艺所达到的精美程度。

✿ 米斯特克人的艺术世界

　　瓦哈卡展厅的第二部分是"米斯特克人的艺术世界"，其内容主要展现了公元900—1250年间米斯特克人所制作的各种黄金、宝石以及陶器等艺术品。米斯特克人被认为是中美洲地区最富有艺术感的民族之一，他们所制作的各种工艺品展现了米斯特克人的艺术天赋。

　　米斯特克人特别擅长制作黄金饰品，享有"金匠大师"之美誉。这或与瓦哈卡是中美洲黄金交易中心的地位有关。事实上，公元900—1250年间，中美洲地区流通的所有黄金都来自瓦哈卡。

黄金与绿松石盾形胸饰

　　这件"黄金与绿松石盾形胸饰"是米斯特克黄金艺术的杰作。它被设计成一个盾牌式样，其主体以黄金打造，中间用绿松石装点，4支利箭穿心而过，盾下挂有11个长铃，周围装饰着黄金边饰。这种款式从公元600年开始一直流行到约1520年。

这件以火神形象制作的黄金胸饰，其下半部分是一块长方形的平板，采用锤揲工艺打制而成；平板上方是一位表情怪异的火神像，该像以失蜡法铸成；火神精细的头饰以花丝工艺完成。从这件小巧的佥饰上不难看出米斯特克人对黄金工艺的运用已达到炉火纯青的程度。

黄金胸饰

高8厘米

小知识

锤揲工艺：利用金、银质地柔软且延展性强的特点，以锤反复敲打使之延伸、展开成片状的工艺。锤揲工艺是使金银器成形的主要工艺之一。

失蜡法：原为青铜器的一种铸造方法，后也被用于其他金属或玻璃等材料的制作。工艺流程：①制作蜡样；②在蜡样外以细泥做范；③对范进行加热，范中的蜡样熔化后，蜡水从下部预留的小孔中流出，从而形成空范；④将铜汁注入空范中，待冷却后敲开泥范、取出铸器，制作完毕。以制作一个"金苹果"为例，简说失蜡法的工艺流程：①首先用石蜡刻出一个苹果蜡样（由于石蜡本身的特性非常适合雕刻，因此在蜡块上很容易就能刻出一个苹果）；②用细泥将这个蜡苹果全方位包裹起来（包裹的细泥要达到一定的厚度），待细泥全部干透后（至少需要一天以上）就形成了一个里面包裹着蜡苹果的泥壳；③将泥壳进行加热后，里面的蜡苹果因受热而熔化，蜡液顺着泥壳下面预留的小孔流出（失蜡法之名由此而来）；④蜡液流出后，泥壳内部就有了一个与原始蜡苹果完全一样的造型空间，这时的泥壳就变成了原始蜡苹果的一个泥范；⑤将金水注入到泥范中就有了一个液态金苹果的造型；⑥将泥范进行冷却，其腔内的液态金苹果就变成了固态形状；⑦打碎泥范，一个与原来蜡苹果一模一样的金苹果就制作成功了。同理，以失蜡法可以制作结构非常复杂的铸件，如中国湖北省博物馆镇馆之宝之一的"曾侯乙铜尊盘（战国）"就是失蜡法工艺的杰出代表，其精美绝伦的造型令人叹为观止

花丝工艺：是指将金属先打造成细丝状，然后再将金属丝经盘曲、掐花、堆累等技法制作出各种精美造型的工艺。

彩陶鼎罐

罐高17.5厘米

瓦哈卡文化遗存中以金器与陶器最富有特色，尤以陶器最为突出。无论是萨巴特克人所制作的造型繁复的陶神像，还是米斯特克人所制作的个性鲜明的彩陶器，它们都在美洲文明与墨西哥文明史上留下了光辉灿烂的印迹，是美洲文明中一道亮丽的风景线，其独特的风格已成为瓦哈卡文化的标志。

这件造型优雅、画面精美、色彩明艳的三足鼎罐是米斯特克彩陶艺术的瑰宝。其彩绘纹饰画有美洲豹神、羽蛇神等神祇。这类带有神性题材且画工精良的器皿，通常是由具有一定政治或经济影响力的部落所特制。他们将这些精美的陶器或作为礼物赠送给同样具有一定地位的人，或在部落间举行宴会时用它们装上可可豆、可可饮料来加强群体间的联盟。

七、墨西哥湾的神秘笑脸

墓葬中的神秘笑脸俑

　　墨西哥湾是世界第二大海湾，位于北美洲东南部海域，面积约为155万平方千米；其沿岸国家包括美国、墨西哥和古巴；环境气候介于热带与亚热带之间；人民生活以农业种植为主；美洲最古老的文明奥尔梅克文明以及玛雅文明都发源于墨西哥湾。

　　墨西哥湾展厅主要展示了墨西哥湾沿岸中归属墨西哥区域内的历史文化瑰宝。

　　墨西哥湾沿岸*孕育了众多的古老文明，其中尤以奥尔梅克文明（公元前1800—前100年）、韦拉克鲁斯中部文明（公元前600年—公元1521年）和华斯特克（Huastec）文明（公元前500年—公元1521年）最为繁荣。墨西哥湾展厅展示了这些古老文明瑰宝中最精彩的部分。

---

*下文及后续文字中的"墨西哥湾沿岸"仅指墨西哥湾沿岸中归属于墨西哥的区域，不再复注。

❀ 奥尔梅克文明

　　奥尔梅克人居住在韦拉克鲁斯南部大江大河交织的丛林中，他们在此建造了高大的神殿、祭坛等宗教建筑，是当时中美洲地区最古老的宗教祭祀中心。

　　奥尔梅克文明是宗教文明，是中美洲地区所有古代文化的母体，是目前已知的中美洲最古老的文明（参见《美洲人为什么和中国人长得有点像？》，本篇不再赘述），其代表性文物为散落在多处奥尔梅克文明遗址中的神殿、祭坛等宗教建筑以及巨石头像等大型石雕作品。

　　巨石头像是奥尔梅克文明的重要标志，是奥尔梅克石雕艺术的典范之作。

巨石头像

　　这尊巨石头像为摆放在墨馆庭院中的一件石雕作品，它为观众再现了奥尔梅克时期热带雨林中的原始风貌。

奥尔梅克人十分擅长凿刻大型石雕作品，这尊运动健将石像被认为是奥尔梅克石雕艺术最完美的体现。它是墨西哥湾展厅的镇厅之宝，也是墨馆所藏重器之一。

1933年，运动健将石像被一位农夫偶然发现。由于它的周身以及周边没有发现任何可以说明其身份的物品，有关人员根据它的形体特点将其定名为"摔跤手"（辰馆认为"运动健将"更贴切，因为摔跤手很少有坐着的）。运动健将塑造了一个目光深邃、蓄有胡须、躯干略有扭曲且肌肉发达的光头男形象。这件作品看上去造型并不复杂，线条也比较简洁，但它所迸发出来的力量感与运动感却让人感受到了一种刚健之美。另外，从解剖学的角度看，其动作与肌肉间的关系被塑造得十分准确，是一件不可多得的艺术佳作。以简约的造型表现丰富的内力，一直是古往今来雕塑家们所追求的艺术高度与境界，而3000多年前的美洲雕塑家们就已经做到了。

研究人员通过对"运动健将"雕刻特点的深入分析，确定了它是奥尔梅克时期的作品。并且，一些专家还根据其耳部的穿孔猜测它有可能是一尊神像。

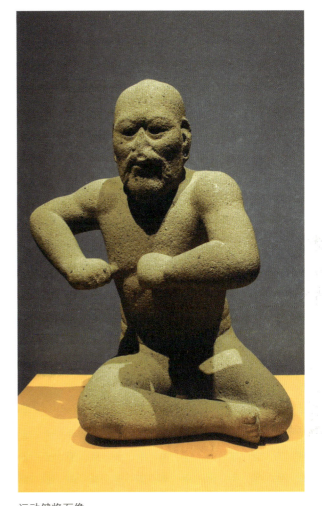

运动健将石像

公元前 1200—前 400 年

火山岩

❀ 韦拉克鲁斯中部文明

韦拉克鲁斯中部文明虽然不如奥尔梅克文明那么著名、那么有影响力，但它的陶器文化却非常有名、非常有影响力。

韦拉克鲁斯陶器有两个特别突出的特点：1. 部分陶俑体形巨大，2. 一些陶俑带有神秘的笑脸。

先说它的大规格陶俑。韦拉克鲁斯陶器以大型陶俑著称，如火神像的规格为84厘米 × 62厘米 × 65厘米，几乎等同于一个真人坐姿的比例。制作如此大体量的陶俑需要非常高超的工艺技术才能完成。

火神像

公元650—900年
火山岩
韦拉克鲁斯中部出土

火神像以一位老者的形象出现，其头上顶着一个火盆。传说火神头上的火盆内曾燃烧着宇宙最初的火焰，喻意为一切生命皆出于此。

小知识

大型陶器制作的难度主要在于： 1. 器型越大，设计难度越大，重心位置越难把握；2. 器型越大，烧制过程中越容易变形；3. 器型越大，对泥料成分的要求越高，而泥料成分的纯度以及收缩率决定了烧结过程中制件开裂的概率；4. 器型越大，对窑炉的规模与工艺要求越高。

生育女神像

公元 150/200—900 年 / 韦拉克鲁斯中部出土

这尊生育女神像的规格更大：90 厘米 × 58 厘米 × 51 厘米。其头上与身上都装饰着蛇饰，暗示了她的神性。这是一尊真人大小的写实型陶俑，有可能是以某位女性作为模特来制作的。

韦拉克鲁斯陶匠能够不断重复制作如此大规格的巨型陶俑，说明他们已经熟练掌握了制作大型陶器的技巧与方法。

现在来说韦拉克鲁斯陶器的另一个特点——带有神秘笑脸的陶俑（像）。

这些带有"笑脸"的陶俑（像）在韦拉克鲁斯被大量发现。它们被作为明器埋藏于墓葬之中。这些身穿华丽服装、头戴耳饰项饰、手舞足蹈、笑容可掬的陶俑成为韦拉克鲁斯陶器的一种符号，而这种符号在世界各地其他文明的陶器中却鲜有所见。从数量上看，这些笑脸陶俑应该是使用模具批量制作而成的。

令人不解的是，当时的人们为什么要大批量制作这些或大笑、或微笑、或傻笑、或具有千姿百态笑容的陶俑（像），并且还要将这些笑得如此开心畅怀的陶俑（像）作为陪葬物埋藏于墓穴中？它的寓意何在？

有专家认为这些笑脸带有宗教的神秘性，也有学者认为它具有一种"笑看"的哲学意境（笑看"鬼"生？笑迎来世？）。辰馆猜想它是否与佛教手印的作用类似？佛造像中通过不同的手势来表现不同的寓意，那么韦拉克鲁斯文化中会不会以不同的笑脸来表现不同的寓意呢？不得而知。

至今，这些"笑脸陶俑（像）"之谜仍未破解。

笑脸陶俑（像）

公元 150/200—900 年
韦拉克鲁斯中部出土

✿ 华斯特克文明

　　墨西哥湾展厅的最后一部分是华斯特克文明遗物菁华展。

　　华斯特克地区包括了今天的韦拉克鲁斯州北部、塔毛利帕斯州（Tamaulipas）和圣路易波托西州（San Luis Potosi）等区域，其文化经历了一个漫长的演变过程。在华斯特克众多的历史遗物中，塔姆因少年石像被认为是最具代表性的文物，是华斯特克文化遗产中最精美的艺术品之一。

　　"塔姆因少年"塑造了一个站立的、全身赤裸的青春期少年形象。他戴有大大的耳饰，身上绘有大面积的纹身，背部还背着一个羽蛇神头像的装饰。根据他双手的姿态，专家猜测他手中原本可能握有旗杆。或许这件雕塑本身就是为了插放旗杆之类的物件所设计。

塔姆因少年石像　　　　　塔姆因少年石像背部

"塔姆因少年"最为精彩之处是它"皮肤"上的花纹——玉米穗、龙舌兰以及花朵等图案。玉米是墨西哥以及中美洲地区最主要的粮食作物，是民生的基础，具有神圣的意义。龙舌兰是多年生草本植物，叶缘带刺，原产地为美洲热带地区，这里暗示了这位少年是一个祭祀的牺牲者。而最令人惊讶的是，这些精细的花纹完全依靠石质凿具雕刻而成，这对于不使用金属工具的古代墨西哥工匠来说，其雕刻难度要远大于使用精巧金属刻具的外域工匠。也正因如此才更加凸显了"塔姆因少年"在雕刻技艺上的非凡之处，使它成为华斯特克文化遗产中最具代表性的文物之一。

　　墨西哥湾沿岸文明是古代墨西哥文明以及中美洲文明中的重要一支，其璀璨夺目的文化艺术成就为美洲文明史、艺术史画出了一道绚丽的彩虹。

八、玛雅文明

玛雅文明，
世界上唯一诞生在热带雨林中的古老文明

　　玛雅文明展厅是墨馆最具重量级的展厅之一，玛雅文明众多的文化瑰宝就展示在这间展厅中。

　　玛雅文明是美洲三大古老文明之一。玛雅人曾以超凡的智慧在天文学、数学、建筑学以及农业等领域创造出了超越时代的伟大成就。作为世界上唯一一个诞生于热带雨林中的古老文明，玛雅文明为人类文明史留下了一份不可复制的宝贵遗产。

　　玛雅文明约起源于公元前2000年。其发源地包括了今天的墨西哥、危地马拉、伯利兹以及中美洲走廊上的洪都拉斯与萨尔瓦多地区。

　　也就是说，玛雅文明不是哪一个"玛雅国"所产生的文明，而是上述不同国家区域内所产生的文明的集合。尽管这些地区在历史、语言、风俗、民族等方面不尽相同，但它们却具有某些共同的文化特征。在考古学上，这种"不同地区却具有相同文化特征"的现象被视作同一种文化，并被统一以一种文化冠名。故上述玛雅地区所产生的文化即被以"玛雅文化/文明"统称之。(相同命名方式的例子还有中国的仰韶文化、良渚文化等。如仰韶文化，并非仅指河南渑池县仰韶村所产生的古代文化，与此具有相同文化特征的其他地区，如陕西、山西、河北南部、甘肃东部等所产生的古代文化也被统称为"仰韶文化"。)

玛雅展厅（局部）

❀ "玛雅"一词的由来

既然玛雅文明不是由哪一个"玛雅国"所产生，那它为何要以"玛雅"冠名呢？

原因是，西班牙人自踏上美洲大陆后，经常被这里众多的地名与民俗弄得傻傻分不清。他们常常为了说明一个地方或一件事而需要附加上大量的定语做注释。西班牙人为此十分崩溃！于是，他们以12—14世纪时这一地区最具政治影响力的重要城邦之一 ——**玛雅潘**（Mayapan）来冠名整个地区，并以此代表这一地区所有的文化特征。之后，"玛雅"一词被推广到与这一地区有关的文化、文明甚至是区域的概念中，如：玛雅地区、玛雅人、玛雅文化、玛雅文明等。

❀ "玛雅"地区覆盖范围

地理位置上，玛雅地区包括了今天的**墨西哥、危地马拉、伯利兹**以及中美洲走廊上的**洪都拉斯与萨尔瓦多**地区，覆盖面积约40万平方千米。其中墨西哥部分包括了墨西哥的尤卡坦州（Yucatán），坎佩切州（Campeche），金塔纳罗奥州（Quintana Roo）、塔巴斯科州以及恰帕斯州（Chiapas）的部分地区。

❀ 玛雅人

泛指在玛雅地区生活与居住的人。这些人生活在不同的地理环境中，各自有着不同的语言、不同的习俗和不同的宗教信仰。

❀ 玛雅文化 / 文明

玛雅地区自然环境复杂多样，从雾气蒙蒙的热带丛林到干旱少雨的深山峡谷，从空气稀薄的山地高原到河流湍急的森林低地，地貌生态绮丽多姿。生态的多样性给玛雅文明提供了生存与发展的丰富养分，使玛雅先民们在适应自然、利用自然的过程中，创造出了不同凡响的玛雅文明，也使世界文明史上有了唯一一个非诞生于大河流域的古代文明——**玛雅文明，**

一个诞生于热带丛林中的文明

面对绵长而纷繁的玛雅历史，为了便于研究，考古学家们将玛雅历史的发展过程分为了古代、前古典、古典和后古典四个时期。

古代时期： 公元前5000—前2000年。有证据表明，这一时期伯利兹、墨西哥的恰帕斯和危地马拉海岸已经有人类居住，黑曜石和玄武岩所制作的工具即是证据，并且还发现有陶器生产的迹象。

前古典时期： 公元前2000年—公元200年。在前古典时期早期，玛雅人居住在靠近河流和湖泊的地方，以采集、狩猎和农耕的混合方式生活，故其文化起源过程中有与中美洲其他地区相同的特征，其主要发明之一也是陶器。只不过这些陶器从一开始就表现出其自身文化的原始特征，并在之后逐渐将这些文化特征固定下来，进而形成了明显的玛雅文化特色。

到了前古典时期中期，约公元前500年左右，居住在森林低地的玛雅人建立起他们的第一座带有神殿、祭坛等高大建筑的壮丽城市，并且城市中已拥有相当规模的人口数量。

至前古典时期晚期，宗教等级、政治与社会的差异已然形成，表现在建筑的等级以及居住区域等方面。这一时期，玛雅各地纷纷建立起具有一定人口密度的城市，如危地马拉的卡米纳朱伊尔（Kaminaljuyir）、瓦哈克通（Uaxactun）等，伯利兹的洛穆尔（Lohmul）、拉马奈（Lamanai）等，墨西哥的卡拉克穆尔（Calakmul）、迪比尔查尔顿（Dzibilchaltun）等，城市的出现带动了文化与经济的繁荣。在知识方面，这一时期出现了最早的象形文字以及最古老的人物画像。

前古典时期，是玛雅文化的形成期并得到巩固。

古典时期： 公元200—900年。在此期间，农业方面有了长足的进步，出现了可可、棉花等农作物以及灌溉系统。城市方面，建立了多个具有宗教、政治功能的城市，大型宗教建筑以及高大的石碑成为城市的象征。文化方面，在数学、天文学、历法等领域取得了巨大的成就，为人类文明史、科学史写下了光辉灿烂的一页。艺术方面，创作了大量风格独特的艺术佳作，成为美洲艺术史与世界艺术史上的一道绚烂彩虹。其文字系统更是清新出奇，是迄今为止世界上唯一以"人头"形象作为主结构的文字（非笔画或字母结构），是美洲文明中唯一一个留下文字记录的文明。

公元900年前后，随着特奥蒂瓦坎古城的突然消亡（约公元700年），玛雅文明就如同受到连锁反应一样陆续衰退或消失，许多城市被完全遗弃，玛雅文明戛然而止。没有人知道其中的缘由。

后古典时期： 公元900—1524年。这一时期，中部地区的玛雅文明不明原因地戛然而止，城市完全被废弃。与之形成鲜明对比的是，北部和南部地区的城市不仅没有被放弃，反而还迎来了从中美洲其他地区过来的新居民。新居民的到来为当地的文化与经济注入了新活力，使城市更加繁荣。

约公元1200年，在经过几番权力斗争之后，尤卡坦的奇琴伊察等一些重要城市落入玛雅潘人的统治之下。此后玛雅潘人一直统治着该地区。

公元1521年，西班牙人登陆美洲大陆后，玛雅地区陆续被攻陷，直至1697年，玛雅人的最后一个定居点、深处危地马拉佩登（Peten）雨林中的塔伊察城（Tayasal，或译作塔亚萨尔城）被最终征服，古代玛雅文明至此落幕。

玛雅文明为后人留下了丰富的文化遗产，也给后人留下了无限的遐想：

玛雅人在不使用金属工具和牲畜的条件下，凭借什么修建了恢宏雄伟的金字塔？那些巨大的石块是怎样从千里之外被运送到建筑地的？它们又是如何被切割成整齐划一的建筑石材的？

玛雅人的天文学、星象学知识是如何获取的？为何几千年前玛雅人计算的天文历法竟与现代计算机所计算的历法精度相当？

玛雅人是中国人的后裔么？为什么他们和中国人的长相相像？又甚至连器物造型与纹饰都如此近似？

玛雅文明为后世留下了太多的未解之谜……

小知识

　　玛雅地区根据各地的文化特点和方向划分为北部、中部和南部三区。**北部包括：** 尤卡坦半岛的南半部；**中部包括：** 洪都拉斯、伯利兹、危地马拉的佩登省以及墨西哥的塔巴斯科和尤卡坦半岛南部的部分地区；**南部包括：** 墨西哥的恰帕斯部分地区、危地马拉的高地以及萨尔瓦多的部分地区。

玛雅陶像与中国三星堆青铜像对比

玛雅球技运动员陶塑

世界上最早的牛仔服出现在玛雅时代

玛雅文明展厅中所展出的玛雅遗物，从参观的角度可分为两大类：

一类是一看便知其意的，另一类是外行人怎么看也看不懂的（看懂它们需要相关的背景知识）。

我们首先来看"一目了然"类的文物。通过这些呆萌有趣的文物，我们仿佛看到了玛雅人头脑中的那个乐观、幽默与豁达的精神世界。

青蛙陶偶

玛雅文明是热带雨林文明，蛙鸣悠扬、蝉儿高唱的自然环境滋润了玛雅人丰富的想象力。他们不仅在天文学、数学、建筑学与农业领域创造了高度发达的文明，在艺术与美学领域也同样取得了令人刮目相看的成就。瞧，这只泥塑的小青蛙，它的神态被捏塑得惟妙惟肖！

夜莺陶偶

如果问"谁是上天的宠儿？"那么生活在热带雨林中的生命就是最幸运者。热带雨林是上天赐予人类最宝贵的资源之一，这里雨量充沛，植物繁茂，丰富的植物种类为各种各样的动物提供了食物与栖息之地。世界上有一半以上的动植物物种生活在热带雨林中。听，这只生活在美洲热带雨林中的夜莺，它的歌声是多么的美妙！

热带雨林中植物旺盛的光合作用，使这里成为地球上的"天然氧吧"。这里众多的植物种类构成世界上药用植物的最大基地。据资料显示，有超过25%的现代药物成分提取自热带雨林植物，它因此又被称作"人类的大药房"。看！这只森林中的小浣熊玩得多么自得其乐："在森林里面、花丛里面有一只小浣熊，它活泼又聪明，调皮又机灵，它自由自在生活在那绿色的大森林……"

对玛雅人来说，白鼻浣熊是有着特殊意义的精灵，它负责在丛林中散播植物的种子，被视为生命的缔造者。

白鼻浣熊陶偶

玛雅文明属于农耕文明。农耕文明对于雨水的依赖与祈盼，不仅反映在各种大大小小的祭祀活动中，也反映在日常生活的点点滴滴处，比如众多形态迥异的水罐，反映出人们对水的重视与渴望。

精巧的动物纹陶壶

"老人头"陶水罐

这件羽蛇神像陶水罐所塑造的形象，就是美洲人民最最尊崇的大名鼎鼎的偶像级神祇——羽蛇神。请记住它的特点：大圆眼，长獠牙，口吐长舌，头上饰有羽状物。它的这一形象在中美洲地区几乎随处可见。

羽蛇神像陶水罐

这大概是干旱时期制作的水罐，主人的心情被直接刻在了天神的脸上。

天神形象陶水罐

能看出这件人物造型的陶器是个水壶么？此壶中的人物、圆圈底座以及手持的棍子都是空心的，棍子是壶嘴，水从背后的罐子注入壶中。（倒个水有多费劲！）

人物造型陶水壶

玛雅人制作的陶俑，不仅体现出他们生活中美的一面，如服饰、嬉戏等，也展示他们生活中的疾苦。比如这件腹水病人陶俑，它表现了一位因腹积水而导致腹部变形的患者形象，其肚脐因体液聚积而凸显了出来。

腹水病人陶俑

这件商贩陶俑形象地展现了玛雅时期普通百姓生活的细节。这位在街市上摆摊儿的小商贩，不知是因为想起生活之艰辛而心酸落泪，还是被自家的洋葱弄辣了眼，他用手擦拭眼睛的样子呆萌又惹人怜爱。这件作品形象地反映了当时社会的民风以及百姓生活的五味杂陈。

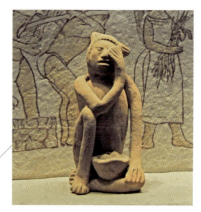

商贩陶俑

"玛雅牛仔！"当人们第一眼看见这件陶俑时情不自禁地脱口说道。人们据此相信世界上最早的"牛仔"和"牛仔服"出现在玛雅时代。这件"玛雅牛仔"被列为墨馆的重要藏品之一，除了它生动的人物形象外，"牛仔"所穿的"玛雅蓝"（玛雅人用于艺术创作的一种蓝色颜料，色彩稳定，长久不褪色）长衫也是原因之一。必须承认，玛雅古典时期所创作的这位大檐帽"牛仔"形象（距今约1500年）比现代牛仔还要帅！

"玛雅牛仔"陶俑

玛雅人为什么要把脑袋挤变形？

前面说了，从参观的角度看，玛雅展厅中的文物可分为两大类：一类是一看便知其意的，另一类是需要有旁注（讲解）或者具有一定的人文历史背景知识才能看懂的。本篇咱们来看一组虽稍有难度但一点即通类的文物。通过对本组文物的了解，我们可以由浅入深地看懂玛雅文物。

"演讲的男人"陶俑

在佩戴大耳环的男子陶俑中，这位男子的颈部、手腕处都戴有粗大的饰物，耳朵上还挂着大大的耳环，甚至连嘴边也缀满了装饰物。虽然这位大叔的装扮在今天看来"土豪"味儿有点浓烈，但放在当时的社会看也并不显得很过分，因为佩戴繁复的饰品是玛雅社会当时的流行风尚。不过，这位大叔最吸引眼球的并不是他满身的饰物，而是他那变了形的脑袋——拥有美洲豹一样的颅骨形状是玛雅人所向往的美和地位的象征。为此，玛雅人不惜将自己的脑袋生生地挤压变形成美洲豹的头形。

佩戴大耳环的男子陶俑

在玛雅文化中，将颅骨挤压变形是一件崇高且又时尚的事，并且还只有统治者、祭司等拥有一定社会地位的人才有资格这样做。为了使头部更像美洲豹的头形，贵族们对刚出生的婴儿以木板夹头的方式进行塑形（前额低斜），直到长成理想形状后再去掉夹板。婴儿头骨的柔软性和弹性使得挤压时脑组织会自然地转移到未被挤压的地方，因此这种方式不会对脑组织造成损伤，也不会改变颅腔（颅骨）的大小，故而不会影响大脑的发育。事实证明，玛雅人在天文、数学等领域都创造出了举世闻名的灿烂文明，可见颅骨变形术对其脑部发育的影响确实不大。

颅骨变形是玛雅文化中的一种特色文化。

玛雅贵族陶头像

玛雅时期，各种艺术形式的人物雕像
中，类似贵妇人陶俑这般头上戴有高大厚
重头饰的形象不在少数。他们或以羽毛装饰
（表示羽蛇神崇拜），或以兽首、兽皮装饰（象
征英勇无畏）。总之，玛雅人头上顶着的不
只是一堆表面上的装饰物，更是他们对自己
精神世界的一种深深的敬畏。

头戴繁复饰物是美洲印第安人的风俗，
从古至今未曾有变。

贵妇人陶俑是一件反
映玛雅上流社会中贵族妇
女形象的陶塑。她衣裳华
丽，佩饰精美，缀花的披
风彰显了雍容华贵之气。

贵妇人陶俑

这件神态怡然、落落大方的女子陶俑不只是一个形象优美的陶俑，它还是一支笛子。没错！它是一支笛子（尽管你看不出来如何吹奏）。创作者以一位贵妇人的形象十分巧妙地构思了这个女子立像彩陶笛。

这位贵妇人的头上戴着高高的头饰，双耳缀有大大的耳环，手中拿着一个纺织工具，身上穿着质感极好的时尚衣袍。这是一个非常典型的玛雅时期的人物形象。

在玛雅人的宗教祭祀仪式中，音乐是不可或缺的一种重要形式，这件陶笛或被用于祭祀仪式上的演奏。

女子立像彩陶笛

玛雅人整容的手段令人不寒而栗

下巴有纹饰的男子陶头像

❀ 纹面

　　除了头形要像美洲豹，玛雅人还把自己的容貌也往美洲豹模样上整容。他们在自己的脸上大动干戈，划出一道道深壑浅沟来模仿美洲豹脸上的豹纹，以致后来在脸上刻划纹饰已然成了一种全民的审美观。

　　玛雅人对于美的追求是全民性的，不分男女老少，并且在心态上也是大无畏的。玛雅人整容不像现代人这般藏着、掖着，垫个鼻梁、划个双眼皮儿都十分的低调。玛雅人不然，他们要让所有的人都知道、都看出来他（她）整容了，并且还一定要把脸划个满脸凹凸绽放方显其超凡越俗之美。

纹面男子形象陶哨

看！纹面男子形象陶哨中的这张脸被刻划得多么生动。若是放在今天，顶着这样一张脸在街上走一遭，怕是把行人全都吓跑了，但在玛雅时代，这是一张人皆向往的最美的脸。

然而，这样一张最美的脸却是要承受相当的痛苦才能完成的。首先，人们需要用刀在脸上划出自己喜欢的图案，然后再向其中填充碎石末、泥土、煤炭粒等，以使它们能够在皮肤上结出立体的、醒目的疤痕。

纹面女子形象陶俑

再看！纹面女子形象陶俑中这位大妈的脸，这是要下手多狠才能划出如此这般的效果？

✿ 断牙

　　玛雅人不仅整容，也整牙，并且整牙比整容下手更狠——把牙全部锯成断牙！纹面女子形象陶俑中的这位大妈不仅把脸部刻划出了立体感纹饰，还把牙也都锯成了断牙。是的，一嘴断牙。

　　断牙，是玛雅人独特的审美观。玛雅人认为拥有这样一嘴牙齿的人才是最优雅、最时尚的人。

　　这是玛雅上流社会比较喜欢的牙齿整形式样（右图），黑色表示磨掉或镶嵌玉石的部分。

　　具体做法如下：玛雅人用石头、木头、皮绳或植物纤维等硬质工具对牙齿进行打磨，同时以水或石英粉进行助磨，直到牙齿磨出理想的形状。或者以木质钻具等工具在牙齿上钻出小洞，然后以绿松石、翡翠等填充，再用黏合剂粘牢。不得不说，玛雅人为了美也是蛮拼的！

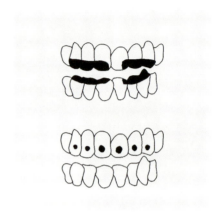

牙齿整形式样

牙齿打洞的盘坐陶俑

"哺乳的母亲"陶俑

这位正在哺乳的母亲，其牙齿也被打磨成参差不齐的样子。先不说它美不美，单说这样的牙齿生态必然会影响到食物的消化吸收，进而影响到奶水的质量。这些妈妈怎么就不能等孩子长大了再去追求美呢？

装饰牙齿的陶女俑

墨西哥国立人类学历史学研究所藏

装饰牙齿的陶女俑中的这位小姐姐决绝地把自己满口牙全都锯断或敲掉了，只留下两颗门牙。嘿嘿，小姐姐真美！就是吃饭可能会有问题。

❀ 对眼

　　再来看一组口味奇特的玛雅审美。这件玉石面具中的一双眼睛是内斜视，俗称"对眼儿"或"斗鸡眼"。玛雅人想象中他们所崇敬的太阳神就长了这样一双"对眼儿"（天地间最自由的是人的想象，这话真没错！），由此他们认定"对眼儿"是世间最美丽的眼睛。他们不惜把自己一双正常的眼睛日以继夜地练成一双对眼儿！

　　玛雅的母亲们为了让孩子们能拥有一双世界上最美丽的眼睛——对眼儿，她们会在孩子的头上拴一个小球，使小球正好垂在孩子的两眼之间。孩子天天看这个悬在两眼之间的小球，久而久之就变成对眼儿了。

玉石面具
墨西哥国立人类学历史学研究所藏

男子陶头像

男童陶头像

男童陶头像的这孩子的眼睛是不是练反了？怎么两眼朝外撇了？

跪坐男子陶俑

跪坐男子陶俑是玛雅审美观的集大成者：变形的颅骨、充满划痕的脸、满嘴的断牙、粗重的饰物。试想一下，玛雅时代的"王府井大街"上，熙来攘往的人流中个个都顶着一个变形的头、满脸疤痕、一嘴断牙……哦，那真是太美了！那是多么亮丽的一道风景啊！至少在玛雅人的审美世界里是这样的。

玛雅人这样炫富

本篇咱们说说玛雅文明遗物中最难看懂的一类——大型碑刻。

顾名思义，碑刻就是指石碑上刻有人物、动植物或文字一类的纹饰图案。看懂这类文物需要有相关的人文历史知识做支撑。好在，我们之前已经介绍过不少有关墨西哥和中美洲的历史文化背景，故而看懂这些碑刻倒也是水到渠成、顺水推舟的事。

装饰繁复的女子陶立像

这些装饰繁复的女子陶立像，如果在没有旁注或讲解的前提下，你可能很难看懂其意。但由于我们在前面的文章中已经对玛雅人的头饰、衣饰、纹面、颅骨变形等风俗有了一定的了解，于是你再看这类陶像就变得豁然开朗了：其高高的头饰、脸上的纹饰以及身上众多粗大的佩饰等都是玛雅人彰显社会地位与经济实力以及追求美的一种表达方式。了解了这些人文风俗，再去看这样一类的雕刻作品，基本上就能够无师自通了。

"国王与妻子"石碑

公元600—900年

石灰岩

高2.15米

　　"国王与妻子"石碑是墨馆的重要文物之一，它被发现于墨西哥南部盆地亚斯奇兰（Yaxchilan）的玛雅遗址中，是遗址内一座寺庙的门楣。该石碑上刻画了两个人物：国王和他的妻子。其画面描绘了这样一个场景：在一个重要的典礼（仪式）上，国王的妻子正在将手中象征着神权与统治者地位的美洲豹神的头递给国王。该石碑精细的画面展现了玛雅工匠高超的雕刻技艺。

　　接下来，我们以"国王与妻子"石碑为例对其画面做一个详细解读，以便大家能够据此举一反三地释读出更多的玛雅文明遗物。

"国王与妻子"石碑细节

由石碑可见，国王和妻子的头形都是玛雅社会高贵阶层的斜平额头形状，表明了他们的贵族身份。国王的头上戴着繁复的头饰，这些头饰由极为名贵的鸟的羽毛装饰而成，它们不仅代表了统治者至高的权势，也昭示了统治者的标记（相当于王冠）。国王妻子的发饰由鲜花精心束扎而成，她的脸上刻有非常美丽的纹饰（纹饰越美丽复杂，过程就越痛苦不堪）。

头饰对于统治阶级来说具有重要的意义，他们往往将象征神权与权力的羽蛇神、美洲豹神的头像覆加在头饰上，并伴有大量名贵羽毛装饰其中，看上去整个头饰要比头部高出好几倍。这些头饰通常以多种元素进行组合装饰，具有复杂的象征意义。譬如，一些神灵和动物的形象或者几何图形，它们以不同大小、不同形状、不同排列组合的方式出现在不同的头饰上，其所表达的意义也各不相同。

玛雅人的头饰被赋予了深刻的象征意义，如神权、权力、地位甚至是神性。因此，玛雅石刻中的帝王、祭司等拥有社会尊贵地位的人，其头上总是戴着高耸繁复的头饰。这种习俗后来也被扩大到百姓当中，成为财富、地位和美的象征，以至走在大街上远远地你就知道有钱、有权的人来了。

辰馆曾一直不解：为什么古代的玛雅帝王都愿意顶着一个既沉重又增加热度的高高

戴有高大头饰的石雕头像
墨西哥国立人类学历史学研究所藏

"国王与妻子"石碑细节

大大的羽毛头饰？以热带雨林的气候来说，应该是越简化越舒适、越凉爽越舒服嘛。直到在街上看到那些头顶各种高大冠饰的印第安土著时才茅塞顿开——当你头顶这样一个高大的冠饰时，你的内心会油然而生一种唯我独尊的王者之气，这种气势会给你营造出一个强大的气场，让你瞬间就拥有了万人之上的帝王感，进而又有了气吞山河、指点江山的代入感：天下从此就是朕的了！哈哈哈……

回来接着说"国王与妻子"石碑。

对于玛雅人来说，饰品象征着一个人的政治地位与经济能力，是高贵的标志。石碑中国王妻子的服饰也像所有的贵妇人一样珠宝玉石琳琅满目地披挂了一身。最让人惊奇与意外的是王妻穿了一件露肩的时裳——其光洁细滑的香肩竟全然裸露在外……玛雅女人要不要这么现代、这么开放、这么性感！真是令人大开眼界！

再来看国王的服饰。石碑中，国王穿着铠甲，右手拿着短刀，好像英勇的武士。遗憾的是，国王的形象因缺少了下半部分的佩饰而使整体气势减弱了不少。

通过对"国王与妻子"石碑的解析，这块"统治者"石碑上的内容你看懂了吗？它刻画了一位衣饰华美、威仪凛凛的统治者形象。其头上戴有神灵布丰的头饰，鼻上戴有串珠，手中执有象征权力的权杖（统治者手里举着的通常都是象征权力的权杖，手里握着的一般都是刀等武器）。

在古代玛雅社会中，美一直都是最被重视的事。头变形、文脸、文身、牙齿整形、佩戴繁复的头饰与衣饰，是玛雅人的信仰也是他们的生活方式。整形与装饰，既是他们内在文化身份的象征，也是其外在社会属性的标志。在美的世界里，玛雅人痛并快乐着！

"统治者"石碑

玛雅文字，以"人头"作为主结构的文字

"

还记得前文中的那块"统治者"石碑么？考古学家们通过对石碑右下角那些浮雕图案进行深入研究后，最终解读出了这块石碑所表现的内容。原来这些由人头＋动物等图案所组成的具有立体透视感的图形竟是这块石碑的铭文，也即传说中的玛雅文字！

玛雅人是美洲唯一创造了文字的民族。因此，美洲文明中也唯有玛雅文明留下了文字记录。

✿ 玛雅文字简史

玛雅文字约起源于公元前3世纪，之后历经千余年的累积与发展，创造出了一个自成体系的文字系统。玛雅人在树皮纸或动物皮上用文字记录下他们所掌握的天文、历法、数学等知识与生活大事件。

16世纪，西班牙人登陆美洲大陆。为推行他们自己的宗教，西班牙人粗暴地将玛雅宗教认定为愚昧巫术，进而以"焚书坑

"统治者"石碑上的玛雅文字

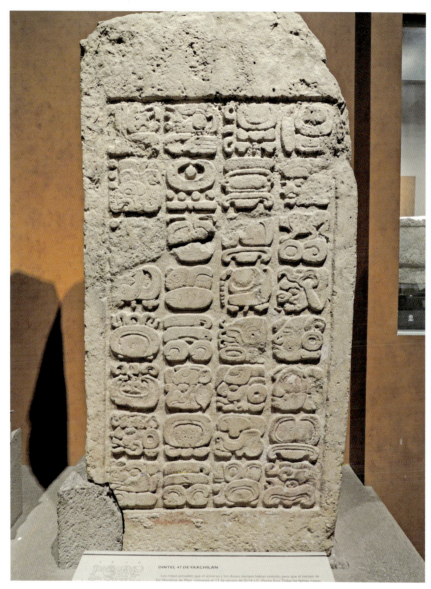

玛雅文碑刻

儒"的残暴手段烧毁了全部的玛雅书籍（手抄本）、杀害了所有认识玛雅文字的人（主要是祭司），彻底根除了与玛雅宗教有关的一切东西，玛雅文字被强行中断了使用。之后，西班牙人在该地区殖民300余年，强制推行拉丁文化，最终导致玛雅文字失传，世界上从此再无人能够读懂玛雅文字。也正因如此，我们今天所看到的有关玛雅文字的资料才少之又少，以致考古所发现的大量带有文字的石碑等文物都难以解读。

✿ 玛雅文字的由来

据考证，玛雅人最早是因为宗教的用途而发明了文字。譬如，为了表示神的强大与智慧等，玛雅人需要先画出神的样子，然后再附加上其他意义的图案，于是一种带有头像图案的文字便慢慢地形成了。

玛雅文字也如埃及、中国等古老文明的文字一样，诞生之初都是象形文字。

✿ 玛雅文字结构

文字系统是玛雅文化区别于其他古代文化的一个重要特征。玛雅文字具有独特的书写风格和复杂的图形，它运用形象来表示单

玛雅文字（组图）

词、音阶或元音。为运用象形来代表发音，玛雅人从大自然和生活中汲取灵感，创造了独具特色的玛雅文字，我们从中可以看到动物的羽毛、人脸以及手掌等。

玛雅文字的结构非常复杂难懂。简单说，它是由几个部分组合在一起而形成的"块"状字，它是由人头＋动物头＋其余部分所组成的"块"状字。我们可以把它简单地理解成中国的"图章结构"：一方个人名章中的字通常由四个字（四部分）组成，如"江小强印"，当这四部分中的某一部分发生变化时，名章的信息就发生了变化，意思就不一样了。例如，把"江"换成"杨"，就变成了"杨小强印"，意义就完全不同了。玛雅文字就类似这种构成形式，它通过变换组合结构中的部分内容，产生新的意思（新的字）。

❀ 玛雅文字是三维文字?

玛雅文字看上去与我们通常所见到的文字非常不同，写起来也有一定的难度，因此有人说玛雅文字是外星人创造的有别于地球文明文字的三维文字。

玛雅文字是三维文字吗？

要说明这个问题，我们首先要弄清楚什么是文字的维度。而在弄清楚什么是文字的

玛雅文字
墨西哥国立人类学历史学研究所藏

维度之前，我们首先要弄清楚什么是维度。

维度：从空间的角度说，一维是一条线，仅有长度；二维是一个平面，有长度，也有宽度；三维则是在平面的基础上又增加了立体的高度或者说厚度。（四、五、六维等跟咱们要说的文字维度暂时没有太大关系，略）

具体到文字的维度，我们可以简单地理解为：

英文是一维文字。举例：the，them，thematic，随着文字长度的延伸，它的词意也在发生着变化，也就是说文字在水平方向的变化可以表现出不同的信息（不同的字）。而在宽度上，无论它怎样变化（即使你人为地把它拉高了），它的意思也不会因此而改变。因此，在这个层面上说，英

江小强印

文是一维文字。

　　中文是二维文字。与英文不同，中国汉字在长度变化的基础上还可以进行宽度（上下）的变化，如：十、土、王、主、丰，就是由于文字在宽度上有所变化后产生了不同的信息。同时，汉字在长度上的变化也可以产生不同的信息，如：什、封、玩、住、蚌。因此说中文是二维文字。

　　三维文字，是指文字不仅在长度、宽度发生变化时其信息随之发生变化，而且在文字的厚度发生变化时，其信息也随之发生变化。

　　来看玛雅文字。玛雅文字是一种图像文字，当图像中的某些部分发生变化时，譬如长度、宽度发生变化时其所表达的信息也在发生变化。

　　我们还是以前述的"江小强印"来说明玛雅文字在长度、宽度上发生变化时所产生的字意的改变（因为玛雅文字的图案难以描绘，只能以汉字代替之。此处江、小、强、印四字分别代表一个图案）。

　　当我们换掉无论是长度上还是宽度上的任一字（图案）时，整个图案就会发生变化，也即产生了一个新图案（字）。由此说明，玛雅文字至少已符合二维文字的条件，因此我们说玛雅文字是二维文字。

　　玛雅文字是否三维文字，需要证明它在文字厚度（立体空间）发生变化时，其所表达的信息也在发生变化。

　　我们以汉字"王"字为例来说明三维文字的概念。显然"王"是一个二维文字，因为当长度的部分发生变化时（一维），它可以变成"旺"或"玩"；而当宽度的部分发生变化时（二维），它又可以变成"呈"或"弄"，字意上都起了变化。但是当"王"在立体空间上变得厚起来时，"王"字的意思却没有改变！王还是王，并没有变成苹果或铅笔的意思。假设，当"王"字变厚时，它的意思有了变化，变成了苹果或铅笔的意思，那么这样的"王"字就是三维文字。显然，"王"字（汉字）不是三维文字。

同样，玛雅文字也不会因为我们把它写得厚了或浅了而使字意发生改变。至少目前的研究结果显示：玛雅文字暂未发现具有空间概念上的三维文字的特性。因此现在还不能说玛雅文字是三维文字。

需要特别说明的是，为什么我们在说三维文字的概念时一定要强调文字的空间概念？**因为对于文字的认识除了空间概念上的解构外，还可以从其他方面如表音、表意以及表形等方向进行解构。**文字系统是一个非常复杂的体系，本文仅从空间概念的角度对文字的结构进行了简说。

至于有人说三维文字是外星人所使用的文字，那就只有等星际旅游实现后咱们去外星球看看再说了。也说不定哪天外星人突然到访地球来给地球人升级一下文字系统，到时咱不用出远门就能见识到三维文字或者四、五、六维文字了。只是地球人的"大脑处理器"能不能解码这些高维度的文字，这是个问题。

回来接着说玛雅文字。

西班牙人粗暴地将成千上万册玛雅书籍（手抄本）付之一炬，意欲将玛雅文字斩尽杀绝。但万幸的是，还是有3本手抄本幸运地躲过劫难被保存了下来。它们是目前世界上已知的、仅有的3本玛雅文字珍本：德累斯顿手抄本、马德里手抄本和巴黎手抄本（以现存地命名）。另有一本保存在墨西哥人类学博物馆图书馆里的格罗利尔手抄本，其年代尚待证实。

✾ 西班牙传教士的《尤卡坦纪事》

说到玛雅文字就不得不说西班牙传教士迭戈·德·兰达（Diego de Landa）。兰达在美洲传教期间，他将自己的所见所闻记录了下来，并整理成书：《尤卡坦纪事》。书中不仅记录了玛雅人在宗教、文化与日常生活中的点点滴滴，并且还试图给出拉丁字母与玛雅字母的对照表。尽管他最终失败了（玛雅文字实在太复杂了），但是他的这本书却成为后人研究玛雅文明最珍贵的史料。

玛雅人除了在树皮纸、动物皮上写下文字外，也在石刻上留下了他们的文字，这些石刻文字已成为现在破译玛雅文明的主要信息来源。

俘虏石像

这件俘虏石像的腰带上以玛雅文写道：这是一个双手被反剪捆绑的战俘，他是被捕的某执政者的盟友。

钦库提克圆盘

钦库提克圆盘刻画了一名球员在球戏比赛中用腰部击球的情景。石盘周圈的文字为历法（玛雅历）日期加铭文，换算成现代日期，意为"公元591年5月17日，国王在球赛中战胜了对手"*。

*石盘中的"球员"实为钦库尔特（Chinkultic）的国王恰帕斯（Chiapas）。

玛雅国王的项链中暗藏着世界末日的密码

帕卡尔墓穴（复制）

石室长9米、宽4米、高7米

石棺长3米、宽2.1米

❀ 帕卡尔绿玉佩饰

帕卡尔（Pakal）绿玉佩饰是玛雅文明展厅中的镇厅之宝，也是墨馆所藏重器之一。

帕卡尔绿玉佩饰出自墨西哥恰帕斯州帕伦克遗址内碑文神殿中的皇族墓穴。碑文神殿是一座神庙建筑，是迄今为止中美洲地区所发现的规模最大、最宏伟的纪念碑神殿。1952年，在这座神殿的下面发现了一个神秘石室，石室内存放有一个巨大的石棺，棺内安放着一具佩戴有绿玉面具、手镯、脚环等饰物的遗骸。经考证这是一位名叫"帕卡尔"的国王的遗骸。

墨馆依照帕伦克遗址中原墓穴石室、石棺和石棺盖的大小在馆内复原并展示了帕卡尔墓穴中的石室、石棺和石棺盖。

帕卡尔绿玉佩饰

　　帕卡尔，玛雅国王，生卒于公元630—683年，12岁登基至寿终；是玛雅统治者中最著名的君主，其统治期内帕伦克成为玛雅西部地区最壮观的城市（帕伦克现为著名玛雅文明遗址）。此绿玉佩饰（含绿玉面具、项链、戒指、腕饰、脚环等）为其死后所穿葬服之佩饰，出土于帕伦克遗址，是玛雅时期丧葬礼仪中规格最高的丧葬佩饰。

✿ 玛雅帝王为什么要用绿玉制作佩饰？

绿玉的颜色在玛雅语中被称为"yax"，有"植物的颜色"之意，代表了生命与生机；同时，"yax"还有"蓝色"之意，意味着它与水有关，而水是宇宙中一切生命之源；它还与天空有关，因为天上住着生命与生育之神。因此，玛雅人用绿玉做佩饰以突出佩戴者的尊贵地位。在玛雅帝陵中，陪葬品多以绿玉做佩饰，昭显了帝王的尊贵地位。

✿ 玛雅人的生死观

玛雅人对于死亡有着自己独特的生死观。一方面，他们对于宇宙太空有着自己独到的认识与理解，认为尘世的死亡并不意味着人的消失，而是换了一种生命形式继续存在于宇宙中。玛雅人相信"死"不是生命的终结，而是去往下一程的一个中转站，是一个充满希望的转折点。另一方面，玛雅人从小参加"活人祭"宗教仪式，在其意识中生与死的边界比较模糊。总之，对于死亡，玛雅人有着非常宽容的态度与平和的心态。

✿ 玛雅人的丧葬风俗

玛雅人的生死观使得他们对逝者的后事特别重视。他们认真仔细地处理亡者的遗体，包括佩戴面具、制作遗体雕像等，并在坟墓中放置具有特别意义的陪葬物，如死者生前喜爱的食物、用具等，甚至在他们的嘴里塞上玉石，以祈祷他们能在来世吉祥安康，一切顺畅！

为死去的人佩戴面具是玛雅人的一种丧葬风俗。玛雅人去世后，其后人用席子或衣物将其遗体包裹起来，涂上红色，然后给死者戴上面具，再与陶偶、陶器等陪葬品一起埋葬。

面具分陶质、灰泥质和玉质等不同的材质。具体制作方法：人们先在死者的脸上涂上一层灰泥，然后将陶（玉）片一片片地粘上去。面具中的眼白以贝壳镶嵌，瞳仁以黑曜石制作。

面具的材质因死者身份、地位的不同而不同：普通人使用陶片，贵族使用玉片，而绿玉作为名贵玉材则仅限于帝王所用。

除了宗教信仰外，玛雅人为死者佩戴面具还有一些实际的功用：1. 保存了死者的容貌；2. 保护其灵魂免受侵扰；3. 避免各种微生物侵害。

✿ 玛雅"木乃伊"

玛雅帝王死后，在穿戴面具及佩饰之前，首先要对其遗体进行处理——制作木乃伊。

玛雅"木乃伊"与埃及木乃伊有很大的不同，**玛雅"木乃伊"只有帝王的头部而没有身躯。**

玛雅"木乃伊"制作过程：

1. 制作以死者为模型的空心雕像；

2. 将头部以下躯体焚烧，然后将骨灰放入空心雕像中；

3. 将头部后脑勺的部分去掉，填入松脂，捏出脑部造型；

4. 脸部覆盖绿玉玉片，制作死者仿真面具；

5. 周身装点绿玉佩饰。

1952年，帕卡尔"木乃伊"出土时，

金缕玉衣
中国汉代／徐州博物馆藏

其绿玉佩饰散乱不堪，后经整理修复后展示于墨馆玛雅文明展厅。

巧的是，在中华文明的历史长河中，中国汉代也有以玉装饰帝王遗体的丧葬制度。1994—1995年出土于江苏省徐州狮子山楚王墓的"金缕玉衣"，即是汉代规格最高的丧葬服饰。该金缕玉衣共使用玉片（和田白玉、青玉）4248片，金缕1576克。

又回到了老生常谈的问题：为什么与世隔绝的玛雅人会有与中华文明近似的丧葬文化？**玛雅文明与中华文明之间究竟有没有联系？**

传说，帕卡尔的绿玉项链中还暗藏着世界末日的密码……

帕卡尔绿玉面具的特点：1. 斜平的额头；2. 一双对眼儿；3. 牙齿磨成了高贵的"兔牙"形状；4.面具材质为绿玉。这些特征都强调了死者生前的地位，与我们之前介绍过的贵族的容貌特征完全吻合。另外，以绿玉面具覆盖面部，在玛雅宗教和习俗中还意味着死者归天后具有了神性。具体到帕卡尔国王，则象征着他将转世为玉米神*。

帕卡尔绿玉面具

---

*美洲地区主要的农作物之神。

玛雅国王的棺盖上居然画有"航天飞行器"！

"

玛雅文明的最后一篇，我们来看玛雅文化遗存中最最著名的文物之一：帕卡尔石棺盖 *。

尽管帕卡尔本人是玛雅帝王中最有成就的君王之一，这块石棺盖的体量也非常之巨大，但这都不是使该棺盖成为最最著名的玛雅文物之一的重要原因。这块棺盖最大的亮点在于其上所雕刻的纹饰图案：

据说，它描绘了帕卡尔死后去往天堂的情景。

注意！该画面表现的是"去"往天堂而不是"在"天堂里的情景——是"Go"，而不是"In"。

这就有意思了：他是怎么去的呢？

先卖个关子。我们先说帕卡尔石棺盖的发现过程。

✿ 发现帕卡尔帝王墓

16世纪，西班牙人在墨西哥恰帕斯州北部的热带雨林中发现了帕伦克古城。他们将在古城中收集到的大量资料编辑成书并出版。遗憾的是，该书在当时并没有引起人们太多的注意。

1952年，墨西哥著名考古学家阿尔贝托·鲁兹·鲁里耶（Alberto Ruz Lhuillier）在帕伦克金字塔顶端的神庙中工作时，无意间发现了地上石板的异样。他命人撬开石板，发现

---

* 墨馆展厅中展出的帕卡尔棺盖是复制品。

石棺棺盖

石板下而竟有一条暗道。顺着这条暗道向下有一个56级台阶的地下甬道，甬道的尽头被一堵墙堵住了去路。进一步挖掘后，一个巨大的墓室显现出来。

打开墓室的大石门，只见一个巨型石棺躺在墓室的中央。人们费了九牛二虎之力移开了盖在棺椁上的石棺盖。天哪！不得了，一具全身缀满绿玉、周边填满众多珍宝的遗骸赫然出现在眼前……后经考古研究得知，该墓是玛雅历史上最伟大的国王之一——帕卡尔之墓。

帕卡尔之墓的发现使玛雅文明的研究向前推进了一大步——了解了玛雅文明的丧葬制度与丧葬文化，确认了玛雅人拥有自己的历法（石碑上的玛雅文字有很多是关于历法的），等等。

帕卡尔石棺盖是由一整块岩石雕刻而成的，它被认为是玛雅雕刻艺术的杰作之一。其纹饰显示：

画面的中央由一个十字架构成。十字的纵向上是一个双头蛇图案，它代表着至高无上的天空之神，这里表示宇宙空间，也代表通往天堂的宇宙之树（进阶树）；十字的横向上，帕卡尔坐在它的一端，位处整个画面的正中，代表他是宇宙的中心（帝王都有这种思想）；帕卡尔的背后是一个面目狰狞的阴间世界，他正从这个阴间世界的口中探出头和身体，意喻此时已神化为玉米神的帕卡尔正从阴间世界走出来并沿着一条通往天堂的进阶树向天国飞去。

帕卡尔石棺盖（复制）

长3.8米，宽2.2米，厚0.25米；
重6吨

这块帕卡尔石棺盖就是前述帕伦克遗址中帕卡尔墓穴石棺上的那个棺盖的复制品。该棺盖上刻有浅浮雕，是一块体积非常庞大的带有纹饰图案的雕刻石板。

1952年，帕卡尔石棺盖出土时，人们对它上面的纹饰图案百思不得其解，各种解读与猜想五花八门。

时间到了20世纪70年代，随着宇宙飞船飞向太空的相关画面被广泛传播，人们惊奇地发现帕卡尔石棺盖上的纹饰图案与宇宙飞船内部的构造惊人地相似：进气口、排气管、操纵杆、脚踏板、天线、软管以及各种仪表等。而此时的帕卡尔正坐在"宇宙飞船"的"船舱内"，他身体前倾，双手紧握"操纵杆"，眼睛盯着前方，双腿呈弯曲状……从整体造型上看，他确实非常像现代人印象中宇航员驾驶宇宙飞船的样子。难怪很多观众第一眼看见这块石棺盖的画面时，都情不自禁地惊讶道：这简直就是帕卡尔正驾驶着宇宙飞船飞向太空啊！

问题是：帕卡尔的石棺盖上为什么会出现"宇宙飞船"的图案？

有人说：玛雅人本来就是外星人，他们当初驾驶宇宙飞船来到地球，因此对飞船非常熟悉，所以随手就雕刻了这么一个图案。

也有人说：玛雅人是地球人，但他们曾看到过外星人驾驶宇宙飞船来到地球，所以能够刻画出这样的图案。又因为他们曾经感受过外星人的高级文明，所以希望死后可以去往外星球。

不管哪种说法，人们似乎都认定该图案所表现的就是帕卡尔驾驶着宇宙飞船驶向外星球的场景。真是这样吗？玛雅王死后为什么要去往外星球？难道他是要返回到他曾经的故乡？

关于"玛雅人是外星人"的说法多年来一直不绝于耳，甚至还有一些论据支撑。比如，玛雅太阳历是世界上最精准的历法之一，而历法的精准来自强大的数学运算能力和深厚的天文学造诣。但是，在没有望远镜、星盘以及计算机的年代，玛雅人是怎样做到如此精准计算的？他们又是怎样观测到很多肉眼观测不到的行星运动轨迹的？更为诡异的是，考古方面没有发现玛雅人的数学有循序渐进的发展过程，他们对于天体数学的运算能力好像是与生俱来的，是天赐的，是天生就有的堪比现代计算机的运算能力……如此说来，玛雅人和地球人的智商确实不在一个维度里。

玛雅人到底是地球人还是外星人？或者，他们是见过外星人的地球人？又或者他们接受过外星人的高阶文明的教化？再或者就像玛雅预言所说：

地球并非人类所有，但人类属于地球。

玛雅人在暗示什么？

九、墨西哥西部

中国人是美洲人的祖先？这些或是证据

墨西哥西部是指墨西哥沿太平洋海岸线中间段上的一部分地区，包括现在的米却肯州（Michoacan）、科利马州（Colima）、哈利斯科州（Jalisco）、纳亚里特州（Nayarit）以及锡那罗亚州（Sinaloa）南部等，是古代墨西哥族群迁徙、人口流动量最大的地区之一，也是墨西哥古代文化区域中文化结构最复杂的地区之一。不同的民族、不同的语言、不同的生活习性，加之独特的地理环境（不同的海拔、复杂的河流、火山爆发带、多沼泽湖泊）等因素，使这一地区所产生的文明明显有别于其他地区。略有遗憾的是，在墨西哥的古代文化中，西部文化是被研究得最少的地区之一。即便如此，我们也还是可以通过墨西哥西部展厅所展示的一些陶器、石器、贝类饰物等文化遗物，对这一地区先民们的精神世界以及日常生活状态有所了解与认识，并由此感受到西部文明的多元与精彩。

✿ 精彩纷呈的西部陶器

球赛是古代墨西哥非常重要的一项活动，它是专为祈祷农作物丰收而举行的一种祭祀仪式。虽然其过程与足球比赛类似，但它却不是一项体育活动，而是一种充满血腥的宗教仪式。球赛中，获胜的一方将得到战斧等物质奖励，而输球的一方则被集体斩首后献祭给神灵（详见前文《世界上最早的球赛，球门挂在墙上》）。因此在当时，球员是被尊崇的英雄的象征。

在西部地区出土了很多球员陶俑，它们成组地被放置在墓穴中。这一现象反映出当时社会对于"球赛"祭祀仪式的高度重视以及社会中所流行的丧葬风俗。

球员陶俑

公元前1200—前400年
15厘米 × 6.8厘米

人们将球员的形象做成球员陶俑放置于墓葬中，有可能是在向死者表达敬意（死者本身是球员），也有可能是作为精神偶像的一种明器。

纵观世界各地的古代人像陶俑，大多数造型规格都不是太大，多为小型陶塑，有的甚至只有一拳之高。但是，古代美洲地区所制作的陶俑中，大型陶俑比比皆是，个头（高度）在50厘米以上的并非少数，说明美洲陶匠已经解决了大型陶俑成型难、成品率低等制作工艺的问题。

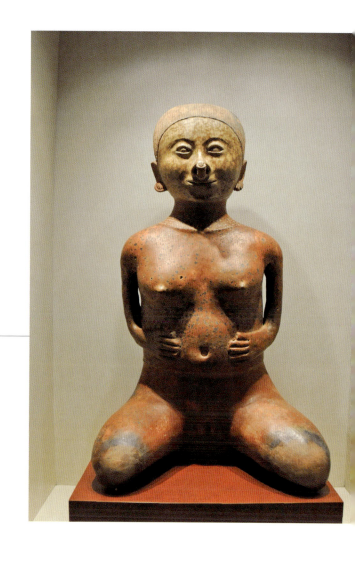

女跪坐陶俑

公元前400年—公元650年

70.4厘米 × 41.5厘米 × 27厘米

在哈利斯科、纳亚里特以及科利马等州都出土了这样的跪坐式女陶俑。这件看上去体格不算小。从这件女跪坐俑的规格及其精致准确的造型来看，当时西部的陶匠已经掌握了大型陶器的制作技术。考古人员在已发掘的西部墓葬中发现了大量的此类女跪坐俑。据猜测这些陶俑可能跟生育有关，她的手放在肚子上暗示了她怀孕的状况，可能是代表生育的神。

在纳亚里特州出土的这件女跪坐陶俑被认为是具有"中国女人"形象的陶俑，这观点无疑是出自现代人的视角。但不可否认的是，这位美女确实长得很像中国人。问题是，它为什么长得像中国人？要知道，美洲大陆曾经是与世隔绝之地，美洲人不可能与本土以外的任何事物有联系，包括贸易交流、人员往来等。那么，美洲人是按照谁的模样做出了这种相貌的陶俑的？

举例来说，中国在唐代之前，陶俑的形象都只是中国本土人的形象，而到了唐代时却涌现出众多长相为深目高鼻、络腮胡须的西域胡人形象的陶俑。其原因就在于大唐盛世，万国来朝，唐人有机会看到长相为深目高鼻、络腮胡须的外域之人，进而制作了这种相貌的陶俑。而大唐之前的陶匠没有这种见识，也就不可能做出外域形象的陶俑。

同样，纳亚里特州的工匠能够做出具有"中国风"的陶俑，就一定是见过这种相貌的人，而且还不止一个、两个。既然美洲大陆自古就与外界隔绝，那么这些具有"中国风"形象的人自然就是最早踏上美洲大陆的那批人的后裔，这也就再次间接地证明了最早通过白令陆桥进入美洲大陆的先民中有中国人或者说是亚裔。

"中国风"女跪坐陶俑

考古学家们在美洲大陆的很多地方都发现了一种驼背风格的陶偶，它们普遍存在于北美洲、中美洲以及南美洲的众多古典时期的墓穴中。研究发现，这些驼背陶偶并不代表残疾人的形象，而是作为一种特殊的明器被埋葬于墓穴中。

　　专家推测，当时的人们之所以将这些驼背陶偶作为陪葬明器使用，很可能与当时的人们对"驼背人"的认知有关。那时，人们认为身体驼背者是具有超自然力的一类人，如巫师等，"驼背"的形象，只是上苍在造人时特别为这些具有特异功能的人所做的标记。因此，人们把这种驼背形象制作成陶偶放置在墓穴中，希冀它们能够以其神异之力在未来世界中护佑逝者。

驼背陶偶

公元200—900年　　　　这些驼背人赤身裸体，无性别特征，呈坐姿状（为突出其弯曲的脊柱）。

狗在中美洲文化中扮演着重要的角色，它既是人们日常生活中的伙伴，也是人们食物中蛋白质的重要来源，因为那时的中美洲人还不知道怎样驯化其他食用动物。同时，狗还在人们的宗教信仰和世界观中起着重要作用。

在墨西哥西部地区的墓葬中，陶狗被大量发现，因为该地区的人们相信狗可以引导死者的亡灵进入下一个世界中。于是，在墓穴中放入陶狗就成为这一地区普遍的丧葬风俗。

人面陶狗

公元前400—公元650年
西部科利马地区出土

尽管西部地区出土了众多形形色色的陶狗，但这只人面陶狗却显得与众不同——它长着一张人脸！

为什么这只陶狗长着一张人脸？人们又一次陷入了迷茫中：用人脸狗身来象征逝者的灵魂被狗引领着进入到阴间世界？还是冥界之门有一个人脸识别器，只有通过人脸识别后才能进入？

❀ 西部特色工艺品

绿松石石珠项链

公元600—900年

米却肯州出土

　　西部地区独特的地理位置使这里的人们很早就开始从事海上贸易活动，人们通过海路运送盐、食品、贝壳、石料以及宝石等，如来自危地马拉的翡翠，美国亚利桑那州的绿松石等。因此，这一地区以海洋元素为特征的手工艺品十分丰富，这件绿松石石珠项链就是其中的杰出代表。

　　这是一件以海螺壳做成的乐器，它的壳上雕有非常美妙的纹饰，展现了西部居民的生活情趣与审美境界。

海螺乐器

十、墨西哥北部

憨态可掬的捂肚托腮彩陶俑

与墨西哥西部展厅相连的是墨西哥北部展厅。

墨西哥北部地区是指墨西哥中部以北的广大地区。它北接美国，西临太平洋，东抱墨西哥湾，拥有丰富多姿的自然与地理环境。同样，北部地区不同的生活环境也造就了各区域间不同的文化特性，形成了不同的地域文明。其总体上可分为三种：1.干旱地区以群居、狩猎为主要生活方式所形成的文化；2.与美国相邻地区，以农业为主的混合经济型生活方式所形成的文化；3.接续从美国西南部延伸过来的文化。

这些不同的文化特性透过北部先民们所制作的各种生活用具、祭祀礼器以及艺术作品反映出来，这其中的一部分就展示在墨西哥北部展厅中。

✿ 风格独特的北部陶器

鱼鸟寓言陶盆

这件鱼鸟寓言陶盆（下称"鱼鸟盆"）制作于公元950—1150年间，以黑绘工艺在陶盆内侧绘画了这样一个场景（纹饰）：一只苍鹭在已吞食了四条鱼后，正准备再吃第五条。仅从画面看，它描绘了海洋世界中鱼鸟竞逐的自然情景，而实际上它却有着另一番寓意。苍鹭是一种水生动物，它与阴间世界有关，故而在米姆布雷斯（Mimbres）的丧葬文化中常常会看到它的身影。据专家解读：这件鱼鸟盆中的纹饰寓意了逝者的灵魂正在被苍鹭引领着进入到一个神性的世界里，而陶盆底心的白色方框就象征着那个神性的世界。在米姆布雷斯文化中，这种鱼鸟盆通常被逝者的家人埋在自住房屋的地下。

小知识

黑绘： 在陶器器表以黑色颜料绘画纹饰的技法，简称"黑绘"。

米姆布雷斯 位处现在的美国西南部。古时美国西南部与墨西哥北部之间没有现在的边界。

人面鱼纹彩陶盆

公元前 5000—前 3000 年 / 国宝级文物 / 中国国家博物馆藏

　　巧的是，在中国国家博物馆的古代中国展厅中也有一件类似纹饰的陶盆：人面鱼纹彩陶盆。据考证，该陶盆是当时的一种丧葬用具，主要是作为儿童瓮棺的棺盖使用。由于当时孩童的夭折率比较高，孩童死后其父母就把他（她）的遗骨放在一个瓮棺里埋在自家房屋附近。这件人面鱼纹彩陶盆就是逝童瓮棺上的棺盖。

　　关于这件人面鱼纹彩陶盆纹饰的寓意，目前学界尚未有统一共识。但有专家猜测"人面鱼纹"可能是描绘了这样一个场景：一位巫师正在做法事，他在请求鱼神引领夭折的孩童回到家中。这类陶盆也是被埋在孩童生前房屋的附近。

　　鱼鸟寓言盆与人面鱼纹彩陶盆，从时间上看，一个距今约 1000 余年，一个距今 5000 年以上，两者相隔 4000 多年。从地理位置上看，一个在美洲，一个在亚洲，两者之间不存在任何联系。那么，为什么它们却在纹饰、器型、功用以及埋葬方式上如此相似呢？难道只是巧合？（这类问题总让人联想到"亚洲人是美洲人的祖先"说。）

帕奎姆人形陶器

　　墨西哥北部文明的陶器中，当属帕奎姆（Paquime）文化所制作的人形陶器最具特色。帕奎姆，位处墨西哥西北部奇瓦瓦州（Chihuahua）境内。

帕奎姆人特别擅长制作拟人化的陶器，这些陶器具有通体覆盖纹饰的特点，包括陶俑的头部、身体、四肢及其附带物上全都绘有纹饰。这些纹饰多由一些优雅的几何图形构成，并以红色和黑色绘画在米色的底色上，从而形成帕奎姆陶器的一大特色。

帕奎姆人形陶器的身后很多都背有一个水罐，除了其纹饰所表达的特定寓意外，这些陶器还是一个储水的容器。

有趣的是，这些人形陶器中有很大一部分人的手是放在嘴边的，并且可以明显感觉到它的嘴正在说话。

它在说什么呢？

研究人员给出了一种猜测，它们正在祈雨："老天爷啊！求你快点儿下雨吧。"理由是它们身上的纹饰与农业生产有关。说实话，单从表情和嘴型上并看不出它们正处于一种祈祷状态，倒更像是在喃喃自语："俺们吉祥话已经说了一车了，（老天爷）你自己看着办吧，愿意下（雨）就下，不愿意下（雨）俺们也没办法。反正俺们尽力了。"从表情上看它们此时的心态很淡然，不像是祈祷的神情。

至今，尚未有人猜出这些张着嘴的"人"在说什么。你觉得它们在说什么呢？

背水罐的人形陶器

托腮人形陶器

托腮捂肚人形陶器

公元 1250—1450 年

　　帕奎姆人形陶器上的纹饰图案通常都有一定的寓意。该女子脸上的"金字塔"图案代表了云，腿部的锯齿状竖线代表了暴风闪电，身体与水罐上的纹饰则代表了农田、雨水以及生育，等等。

十一、墨西哥风俗

墨西哥民风民俗巡礼

"

　　墨馆的二楼共设有11间展厅，整体上可统称为民族志展厅，主要展示了墨西哥地区不同部落（民族）在宗教信仰、文化艺术、房屋建筑、生活用具以及生活方式上的遗物遗存。在这些展厅中，墨西哥多元化的文化特征、人文风俗等通过众多的具体实物被直观地展现出来，加深了观众对墨西哥多民族、多种生活环境下所形成的多元生活方式的认识与了解。相比于一楼展厅深厚的历史内容，二楼展厅的内容就显得轻松了许多，大部分展陈都属于易看易懂类。因此，观众的参观速度也明显比一楼快了不少，部分观众一整层看下来也就用了个把小时。

惠乔尔(Huichol)族的妇女们在衣服上绣上他们所信仰的神像，这样便能驱邪避祸。

　　奥托帕米（Otopame）族人从远古时代起就生活在半沙漠的恶劣环境中。他们从仙人掌植物中获取纤维，用来制作各种绳索和纺织品。

纳华斯族制作的生活用具与陶艺品

格兰纳亚尔（Gran Nayar）地区具有鲜明特色的手工艺品

玉米是墨西哥土著
民族的主要粮食作物，
自古至今都是墨西哥人
最喜爱的美食。土著民
族厨房中的很多用具都
与玉米有关，如石磨、
陶盆、大木勺等。

民族与文化之树
是墨西哥州现代小镇
梅特佩克（Metepec）
的传统手工陶艺制品。
由雕塑家米格·安吉
尔·古铁雷斯（Miguel
Angel Gutierrez）创
作。树上分布有墨西
哥各民族、各种神灵
以及代表性植物等形
象的陶塑逾百个，表
现了当今墨西哥种族
多样性和文化丰富性
的历史由来。

民族与文化之树

墨西哥采风记

前面部分，我们观览了墨西哥历史上众多的文化珍宝。后面这部分，我们将把观览方式切换为"采风墨西哥"，一起去墨西哥各处走走看看，去感受一下这个曾经孕育过奥尔梅克文明、阿兹特克文明、玛雅文明的神秘国度，它今天所展现的独特风情与风采。

与众不同的墨西哥总统府

现如今，很多国家的政府机构都在打亲民牌，这其中就包括了开放总统府（部分区域）供公众免费参观等内容，例如，俄罗斯的克里姆林宫、韩国的青瓦台等，公众参观的内容主要是建筑、环境以及部分办公场所。但是，参观墨西哥总统府却给了观众完全不同于以往的体验——与其说是参观总统府，倒不如说是参观博物馆、美术馆，甚至是植物园……

墨西哥总统府

墨西哥
总统府办公楼

总统府办公楼

这是墨西哥总统府的办公楼建筑。传说当初的建造者因为弄错了图纸，竟误把总统府建成了监狱，直到建完第一层楼后才猛然发现不对劲，于是不得不在一层"监狱"的基础上又改回到建造办公楼。因此，现在的办公楼建筑看上去底层和二、三层有着明显的区别。其实，这个传说是否属实现在已经不重要了，重要的是这段子编得很"墨西哥"，它形象地把一部分墨西哥人简单、随意、做事不那么较劲的性格别有风趣地展现出来，让人们在开心一笑的同时也对墨西哥人有了一丝感性了解。总体上说，墨西哥人给人的印象是开朗、热情，属于给点阳光就快乐的人。

里维拉的壁画

说实话，参观墨西哥总统府没几个人是奔着建筑而来的。或者说，至少有一半的人是为了能一睹墨西哥国宝级绘画大师、享誉世界的壁画家迭戈·里维拉（Diego Rivera，1886—1957）的名作《墨西哥

壁画《龙舌兰酒的制作》

的历史》而来。这幅巨型壁画被画在了办公楼二楼楼梯的三面墙上，它将墨西哥历史上的三个重要时期——"古文明时期、殖民时期、国家独立"浓缩在了这三幅巨型画作中。

里维拉被誉为墨西哥的绘画之父。他绘制的壁画融合了古印第安美学元素、现代绘画技巧以及墨西哥民间传统艺术等，有着自成一派的独特绘画风格。

除了楼梯处的大型壁画外，整个二楼的三面走廊墙上也都画满了里维拉创作的大型壁画，其内容涵盖了墨西哥的历史、宗教、民俗、物产等方方面面。

《龙舌兰酒的制作》是壁画组图中的一幅。龙舌兰酒被誉为墨西哥的国酒，是以墨西哥特产龙舌兰植物为原料，经蒸煮、浓缩、发酵而制作的一款发酵酒。龙舌兰酒的喝法与众不同，它需要与食盐、柠檬搭配才能喝出真正龙舌兰酒的味道与风情。

总统府中的《墨西哥的历史》壁画（迭戈·里维拉）

总统府二楼北侧的
走廊壁画

总统府花园，仙人掌的世界

总统府内有一个很大、很大的花园，里面长满了各种仙人掌。

仙人掌是墨西哥的国花，是国家 Logo（标志）的重要元素，在墨西哥的国旗、国徽上都有它的身影，因此在墨西哥它属于国宝级的植物。在总统府的花园里，种植有大面积的仙人掌植物，其品种之多、规模之大令人惊叹不已，眼界大开！

总统府花园中的仙人掌

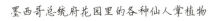

墨西哥总统府花园里的各种仙人掌植物

满城鬼影飘动的墨西哥城

古代墨西哥人因为从小耳濡目染"活人祭"宗教活动的缘故，不仅不惧怕死亡，而且还把死神作为一个重要的神祇来崇拜。在墨馆中就有很多以死神为题材的古代艺术作品，如"死神形象"陶器等，这其中最著名的当属墨馆镇馆之宝之一的"死神之脸"石盘（详见特奥蒂瓦坎展厅内容）。

死亡、骷髅、尸骸，这些对于墨西哥人来说并不是什么特别可怕的事物，相反他们对此却怀有一种敬畏与爱戴之情。那些在祭祀仪式中为神灵慷慨赴死的英雄形象曾深深地烙印在他们的心灵中，这种文化基因传承下来，就在现代墨西哥人的骨子里形成了一种对死神充满崇敬与喜爱的记忆。表现在具体事物上，就是人们对骷髅、遗骸等形象自带了一种由衷的亲切感。

"死神形象"陶器

文化用品商店门口的骷髅纸人

骷髅面具

骷髅水杯

骷髅酒瓶

　　受历史遗风影响，今天的墨西哥城"满城尽是骷髅鬼"——几乎每一家商场、店铺、街边小摊、流动货车中都有"骷髅头"和"死鬼"在售卖。一眼望去，满街鬼影飘荡，稍不留神，你就可能撞见了"鬼"。这不，猛一抬头，这间文化用品商店门口的艳鬼正呲牙咧嘴地在撩客呢。

　　商店中，各种以骷髅形象为创意的商品比比皆是。

　　虽说骷髅创意产品是墨西哥旅游纪念品市场的一大特色，但端着个骷髅碗吃饭，或者拿着个骷髅水杯喝水，终究还是觉得心里有些瘆得慌。

　　抱着这样一个骷髅酒瓶喝酒，会不会喝着喝着就喝多了见鬼了？

 街边的流动货摊上，货品几乎全是"骷髅头"

"一个双肩背＋一个小挎篮"，一个富有墨西哥特色的旅游纪念品流动货摊就这样开张啦！

这家的"骷髅头"制作得很精细。

"因为牵了手的手，来生还要一起走……"这一对儿摆在家里是不是很有一种"生死与共"的感觉？

跨界外卖

牵手

这件骷髅形象的工艺品被我命名为"跨界外卖"，好可爱，对不对？因为在墨西哥见"鬼"见得多了，因此也就见怪不怪了，甚至竟没有了恐惧感，果断买了一个回家。

"跟着感觉走，紧抓住梦的手，脚步越来越轻越来越快活……"背着"跨界外卖"一路闲逛时，不知不觉地竟然哼起了这支歌。有心想回去退了。

以图画标示站名的墨西哥地铁

墨西哥地铁站内的商铺

像世界各地许多地铁站一样，墨西哥城地铁站的地下广场中也设有众多食品、日杂、百货类的各式店铺（本篇以墨西哥城地铁为例）。不同的是，每家店铺中都以很大的音量来播放自己喜爱的拉美音乐，其间还夹杂着店家的叫卖声，真个是喧闹无比，非常有墨西哥特色。

墨西哥城地铁站整体上都非常干净、整洁。应该说，墨西哥人素质普遍都比较高，随地乱扔废弃物等现象比较少见，并且"谢谢"一词几乎是国民的口头语。

高峰时段的墨西哥地铁，乘客密度之高远超北京、上海地铁早晚高峰。北京早晚高峰时段，尽管你在车厢内已被挤成了相片，但内心还是比较有安全感的——至少在目的站下车是有保证的。而在墨西哥，你每一站都有可能被下车的人流带出车厢，至于你是否还能再回到车厢内，则全看上车人流与下车人流对冲的结果……

地铁入口

这是墨西哥城某地铁站售票处张贴的价目表。

墨西哥城地铁票为统一票价，每张票为5比索，不限里程和站数，只要不出站，你可以坐到任意一站下，且没有日期限制。如果你愿意，你也可以一次多买几张票，这样就能省去每天排队买票的时间。

仔细看售票处的这张价目表，它上面列出了50张票以内的票款数。呃，这到底是应该感叹"这数学是有多差"，还是应该说"这是有多体贴、多人性化"？嘿嘿，这就是墨西哥，非常"墨西哥"。

其实，最体贴、最人性化的是它的地铁站名。西班牙语是墨西哥的官方语言，其国内各公共场合的标示、公告等全部都是以西班牙语书写，包括地铁站名等（没有英语双语），这给不懂西班牙语的外国人带来了不小的困扰。但是，对于坐地铁来说，这个问题就不是问题了，因为它

地铁票价价目表

地铁站名

的站名除了标注西班牙语外，还以图画来表示。

来看具体细节：以我常去的"墨西哥国家人类学博物馆站"为例，你只要记住在"蚂蚱"站下车就 OK 啦！而且每一座车站的站台上都有明显的站名图标，不管列车从哪个方向过来，当你看到站台上的"桥洞"站或者"蝴蝶"站的图标时（墨馆的前、后站），你就知道下一站该下车了。因此说，在墨西哥坐地铁完全不需要识字，只需要记住图标即可。

在每一个地铁站的入口处，也都配有醒目的站名图标。"墨西哥国家人类学博物馆"站是"蚂蚱"图标。

墨西哥地铁虽然每条线路都有固定的颜色，比如2#线是蓝色，1#线是粉色等，但它的列车颜色却并不与之配套，五颜六色十分炫目。

地铁站名

墨西哥地铁

橡胶轮胎

墨西哥地铁设有女性车厢，并同时设有女性候车区。在女性候车区与普通候车区之间通常设有一个界门，有专门的警察把守。

尽管有警察把守，女性车厢中也时常会看到有大叔们的身影。嘻嘻，这个现象并不意外，我们之前说过墨西哥人并不那么较真儿，或许那天的情况是这样的：某大叔感觉自己身体有些微感冒，于是跟守门的警察叔叔打了个招呼（也可能是趁警察叔叔不注意），他就"混"进了女性车厢。

最后来看墨西哥地铁列车的轮胎——橡胶轮胎。

你被惊到了没？橡胶轮胎！并且，这橡胶轮胎的速度杠杠的，一点都不比钢铁轮子慢。只能说，作为富产橡胶之地的墨西哥，其在橡胶制作工艺技术（高科技）上必定是有其过人之处。不然，这十几节车厢、千把号人、各种随身重物都压在这橡胶轱辘上，没有点儿盖世武功还真不行！

墨西哥，玉米的故乡

玉米，美洲文明的摇篮

中美洲是世界上最早种植玉米的地方，约在公元前4000年前后这里便开始了玉米的种植。玉米种植的成功，使古代美洲人得以建立起定居村落。定居村落的建立为进入农耕时代奠定了基础，也为文明的出现创造了条件：人们在劳动之余开始尝试着制作陶器、纺织布匹等，文明的第一缕曙光在美洲大陆悄然升起。

墨西哥的玉米点心

玉米，传遍世界的美食

1492年，哥伦布在美洲大陆见识了当地人的主食——玉米。之后，他将玉米带回到西班牙，进而再由西班牙传入欧洲、传遍世界。

玉米传入中国，或有这样两条途径：1. 葡萄牙人将玉米带到印尼爪哇，后于16世纪传入中国；2. 经由西班牙—中亚传至中国。中国人大约在明朝时（约公元1500年）开始种植玉米。

玉米，人类的患难伙伴

玉米不仅含有丰富的营养物质，更为重要的是，它是高产作物。当世界各地出现严重饥荒时，危难之刻挺身而出的永远都是毫不利己、专门利人的玉米。这也是它能够快速传遍全世界的重要原因所在。

玉米，风情万种的美食明星

玉米有多少种口味（口感）？多少种颜色？

单说颜色，它就有淡黄、黄、橘黄、褐、浅紫、紫、深紫、灰黑、黑、亮黑等多种颜色，多到让你眼花缭乱。再说玉米粒儿，它有硬质粒儿、粉质粒儿、甜质粒儿、糯质粒儿等多种粒儿，多到总有一款适合你。形状有马齿形、爆裂形……在墨西哥，你能见到世界上颜色最多、品种最全的玉米家族成员，因为这里是玉米的故乡，玉米的发源地。

为什么玉米会有这么多的品种？

告诉你：因为玉米基因突变的概率要比其他作物频繁！玉米的某些基因片段就像是处于青春期的少年般躁动不安，它们随时都可能搞事情。而正是因为玉米"基因善变"的这种特性，自然界中才拥有了这么多颜色、口感、形状各异的玉米品种。也正因如此，科学家们才有可能利用它的这一特性选育出更多的玉米家族新成员。

美洲玉米

街边公园美食摊位上售卖的玉米食品

街边公园美食摊位上售卖的玉米食品

炒玉米

烤玉米

玉米奶酪饺

玉米，墨西哥的国家美食

中美洲人最早种植了玉米，具体说是墨西哥南部至中美洲北部地区的先民们最早种植了玉米。凭借世界上第一株玉米种植国的先天优势，玉米当仁不让地成为墨西哥的国家美食。自古以来，玉米一直都是墨西哥人最喜爱的主食，没有之一。在墨西哥，玉米被做成各种口味、各种形态的佳肴，其品类之丰富、之多彩，令人惊羡不已。而无论是餐馆的正餐还是街边的小吃，玉米永远都是餐桌上不可动摇的主角儿。

最受欢迎的"炒玉米"。炒玉米的做法：将新鲜的玉米剥粒（现剥），然后辅以奶油和青菜叶一起混炒，待出锅前撒上若干辣椒粉，再挤上一些鲜柠檬汁。喷，一盘正宗地道的墨西哥"炒玉米"就这样闪亮登场了。尝一口，酸酸、甜甜、辣辣、咸咸，余香满口，一吃便忘不掉。

周末集市上人见人爱的烤玉米（约合5元人民币／根）。

玉米奶酪饺：以玉米面加鸡蛋和面，在平底锅上煎至金黄，其口感硬中有软，软中带硬，松软适宜，再配以木瓜汁或西瓜汁饮品，是墨西哥人早餐之绝配。

无论是清炒玉米粒，还是蔬菜混炒玉米

粒，它们最后都被装进纸杯中出售。装杯后，店家会在杯子上再扣上半个柠檬果，吃的时候将柠檬汁挤到杯子里，那酸咸、酸甜的味道，真是别有一番风味绕舌头（约合10元人民币／杯）……

奶油奶酪玉米棒：将煮熟的玉米放在盛有奶酪屑的盘中滚上一遭，玉米棒的周身便沾满了奶酪屑，然后再刷上一层奶油，一根奶油奶酪玉米棒就这样分分钟搞定了（约合8元人民币／根）。当然，墨西哥人的吃法还要在奶油的外面沾上一层辣椒粉。嘿嘿！墨西哥的吃货们也是无辣不欢的。

玉米粒儿＋奶油，＋奶酪，＋辣椒粉，＋糖，＋柠檬汁，＋……墨西哥的玉米美食实在是太丰富了，它的各种做法几乎可以满足五大洲四大洋不同宾客的口味，让人流连忘返，难以忘怀。

顺便说一下，原产于美洲的作物还有——

马铃薯（土豆），传入中国的时间约为1368—1644年（明朝）；

白薯，传入中国的时间约为1368—1644年（明朝）；

辣椒，传入中国的时间约为1583—1644年（明晚期）；

西红柿，传入中国的时间约为1583—1644年（明晚期）。

玉米装杯售卖

奶油奶酪玉米棒

玉米膨化食品